vivre
au Moyen Age

Tablette de corne

Plumes pour écrire

Encriers de corne

Anneau pontifical

Encensoir

Ange de bois sculpté qui décorait la nef d'une église.

Visage féminin sculpté dans la pierre

Cor de berger

Reliquaire du XIIe siècle

Cornemuse

Emblème de la
Vierge Marie

vivre au Moyen Age

par,
Andrew Langley

Photographies originales de Geoff Brightling
et Geoff Dann

Emblème
du Christ

Table à tréteaux

GALLIMARD

Harpe

Chalumeau médiéval à hanche

Comité éditorial

Londres :
Peter Brears, Céline Carez, Gillian Denton,
Julia Harris, Bridget Hopkinson, Charles Kightly,
Kathy Lockley, Kati Poynor, Charlotte Trail, Vicky Wharton

Paris :
Christine Baker, Catherine Destephen,
Françoise Favez, Jacques Marziou et Éric Pierrat

Edition française préparée par
Brigitte Coppin, historienne

Collection créée par
Pierre Marchand
et
Peter Kindersley

Tête grimaçante en pierre sculptée

Escabelle à dossier

Petites cuillères découpées dans de la corne

ISBN 2-07-053978-4
La conception de cette collection est le fruit
d'une collaboration entre les Editions Gallimard
et Dorling Kindersley

Loi n° 49-956 du 16 juillet 1949
sur les publications destinées à la jeunesse
Pour les pages 64 à 71 :

Traduction : Stéphanie Alglave - Édition : Thomas Dartige
Relecture-spécialiste : Brigitte Coppin, Historienne
Préparation : Sylvette Tollard - Mise en page : Octavo, Paris
Correction : Lorène Bücher - Flashage : IGS (16)
Dépôt légal : septembre 2002
N° d'édition : 11178

Imprimé en Chine par Toppan
Printing Co., (Shenzen) Ltd

Gobelet

Couvert

Cruches en terre cuite peintes pour le vin ou la bière

Ecuelle en bois

SOMMAIRE

Lit à baldaquin

LE MOYEN ÂGE, UN ÂGE MOYEN ?

Inventée au XVIIe siècle, l'expression Moyen Âge vient du latin *medium aevum*, qui a donné l'adjectif médiéval. Mais où situer ce Moyen Âge ? Il prend place dans l'histoire de l'Occident entre l'Antiquité gréco-romaine, qui s'achève au Ve siècle, et la Renaissance, qui débute à la fin du XVe siècle. C'est donc une très longue période de mille ans environ, longtemps considérée comme un âge sombre. Et pourtant cette époque de châteaux forts et de cathédrales a modelé le paysage dans lequel nous vivons et posé les bases d'une société chrétienne qui nous influence encore. Elle a aussi inventé l'université, le système bancaire, la notion d'État et bien d'autres éléments dans lesquels nous plongeons nos racines.

LUMIÈRES DANS LA NUIT
Pendant les temps barbares, l'art d'écrire et la connaissance du latin se sont maintenus dans les monastères. Cette lettrine, exécutée vers 800, est tirée du *Livre de Kells*, conservé dans la célèbre abbaye irlandaise de St. Columba.

L'EMPIRE BYZANTIN
Au IVe siècle, l'Empire romain se scinde en deux : la partie occidentale, groupée autour de Rome, décline au profit de l'Empire oriental, qui prend Constantinople (actuelle Istanbul) pour capitale. Le règne de Justinien (527-565) est un âge d'or pour l'empire d'Orient.

Broches vikings

PILLEURS DES MERS
Les premiers raids vikings le long des côtes européennes datent de la fin du VIIIe siècle.

EMPEREUR D'OCCIDENT
Charlemagne (742-814) réussit à unifier un empire couvrant la France et l'Allemagne actuelles. Grand guerrier, excellent organisateur, il fut le défenseur du christianisme.

OTTON LE GRAND
Les tribus hongroises qui déferlèrent sur l'Europe au Xe siècle furent arrêtées par le roi germanique Otton Ier (912-973). Il se fit couronner empereur en 962, fondant ainsi le Saint Empire romain germanique.

LES TEMPS BARBARES
En 476, le dernier empereur romain perd son trône et l'Empire romain s'écroule, percé de toutes parts par les invasions barbares qui détruisent les routes et le commerce. Les Francs s'installent en Gaule, les Saxons en Grande-Bretagne, les Goths en Italie. Ce siècle de désordre et les suivants furent souvent considérés comme des temps obscurs mais ils méritent un autre regard : c'est sous Justinien que Constantinople devient l'une des villes les plus brillantes du monde et le règne de Charlemagne correspond en Europe à une époque d'âge nouveau, la Renaissance carolingienne. A cette époque, de nombreuses abbayes sont fondées dans lesquelles les moines développent une nouvelle écriture, la minuscule caroline.

DES ROIS PUISSANTS
Aux IXe et Xe siècles, l'Europe est secouée par de nouvelles invasions : les Vikings venus du nord et les Hongrois d'Asie centrale. Au milieu de tant de désordres, de nouveaux Etats émergent. Pour avoir soutenu le pape dans sa lutte contre les barbares en Italie, Charlemagne reçoit en récompense la couronne impériale en 800 et instaure le Saint Empire romain. A l'ouest de cet empire, le royaume des Francs deviendra la France tandis que les successeurs d'Otton s'imposent à l'est en Germanie. En Angleterre, Alfred le Grand (871-899) monte sur le trône après avoir repoussé les Vikings.

400 – 800

800–1000

LES NORMANDS SONT PARTOUT
Descendant des Vikings, Guillaume le Conquérant annexe l'Angleterre en 1066. A la même époque, d'autres Normands fondent un royaume en Sicile et en Italie du Sud.

CROISADES
Ces expéditions militaires entraînèrent les chevaliers occidentaux vers la Terre sainte (Israël) tombée sous domination musulmane. La première croisade se termina par la reconquête de Jérusalem en 1099 ; les suivantes furent moins victorieuses.

Heaume de croisé allemand

TÊTE COURONNÉE
Sans être un portrait réel, cette tête représente l'empereur Frédéric Ier Barberousse (1122-1190), qui fit l'unité de l'Allemagne et étendit sa mainmise sur l'Italie du Nord.

SANTÉ, PROSPÉRITÉ
Après l'an mil, l'Europe se stabilise. Basée sur le système féodal, une société nouvelle se met en place. La paix progresse. La population s'accroît, les villes grandissent et les échanges de toutes sortes se multiplient. La fin du XIIe siècle voit la création de nouveaux ordres monastiques (franciscains, dominicains) et la naissance des cathédrales. C'est à Salerne, en Italie, que l'on crée la première université.

LA GRANDE PESTE
En 1348, la peste noire s'abat sur l'Europe, tuant jusqu'à la moitié des populations.
Autour des villages décimés, la terre est en friche, faute de bras pour la cultiver. Prenant conscience de leur valeur, des paysans se révoltent.

Crosse d'évêque

LE POUVOIR DE L'ÉGLISE
La société médiévale est soumise à l'Eglise qui possède d'immenses richesses et contrôle toutes les consciences. A partir du XIIIe siècle, l'Inquisition est créée pour chasser ceux qui n'obéissent pas à ses préceptes ; les coupables sont excommuniés (exclus de la communauté des croyants) ou punis de mort.

GUERRES ET PLAIES
Le XIVe siècle est un siècle noir. Fin de la prospérité économique, épidémies de peste… A ces maux s'ajoute la guerre de Cent Ans, qui débute en 1337 entre la France et l'Angleterre, et le grand schisme d'Occident, qui déchire l'Eglise partagée entre plusieurs papes.
En même temps, le commerce, plus prospère que jamais, enrichit les villes, comme en témoigne la Ligue hanséatique qui regroupe les cités maritimes du Nord.

GÉNIAL !
Michelangelo Buonarroti, dit Michel-Ange (1475-1564), était à la fois peintre, sculpteur, architecte. Parmi ses œuvres, cette statue de David, aujourd'hui à Florence.

LA FIN DES MONASTÈRES
En Angleterre, le roi Henry VIII (1491-1547) quitta l'Eglise catholique pour créer l'Eglise anglicane, qu'il plaça sous l'autorité royale. A ce titre, il fit fermer les grandes abbayes et annexa leurs richesses.

RENAISSANCE
La seconde moitié du XVe siècle est marquée par de grands changements : le catholicisme est ébranlé par la montée de la Réforme ; les artistes et les lettrés, redécouvrant l'Antiquité, se mettent à représenter le monde différemment ; de nouvelles techniques sont au point et les grandes explorations sont possibles ; Portugais et Espagnols se lancent à travers les océans, créant de nouvelles routes maritimes.

1000–1250	1250–1400	1400–1540

La société médiévale

La société médiévale est divisée en trois ordres : ceux qui combattent (les chevaliers), ceux qui prient (le clergé) et ceux qui travaillent (les paysans et artisans). Ces ordres se trouvent liés par le système féodal qui repose sur un principe simple : le roi donne une terre, que l'on appelle fief, aux guerriers qui l'aident à faire la guerre et qui lui sont fidèles. Le guerrier, petit chevalier ou grand seigneur, reconnaît alors le roi comme son suzerain et lui manifeste sa fidélité lors de la cérémonie de l'hommage. S'il est comte ou baron, il divise à nouveau sa terre en nombreux fiefs sur lesquels vivent ses vassaux. Au sein du clergé, les abbés et les évêques sont aussi des seigneurs, possédant des domaines que font fructifier les paysans. Ceux-ci représentent la force économique de cette société basée sur la guerre d'un coté et sur la religion chrétienne de l'autre.

Au sommet de la pyramide
Plusieurs fois par an, le roi rassemble ses vassaux. Sur cette image française du XIVe siècle, on le voit présidant une assemblée, encadré par les barons d'un côté et par les évêques de l'autre.

Sous le regard de Dieu
Toute la société médiévale est chrétienne. A sa tête, le roi reçoit sa couronne de Dieu. Lors de la cérémonie du sacre, l'archevêque oint le nouveau souverain avec l'huile de la sainte ampoule, qui lui confère un pouvoir particulier.

L'argent de la guerre
Le service militaire dû par le vassal au suzerain porte le nom d'ost. Plus le fief est important, plus il doit fournir de guerriers. Mais, dès le XIVe siècle, bien des vassaux préfèrent payer une taxe plutôt que d'aller faire la guerre hors de la seigneurie. Cette taxe, ou « aides », prélevée par le roi, nécessite des percepteurs comme celui-ci pour contrôler les sommes versées.

Les barons
A l'origine, baron veut dire « serviteur fidèle » . Les barons (p. 24) sont les vassaux directs du roi, le plus souvent grands princes territoriaux. Lorsque Guillaume le Conquérant envahit l'Angleterre, en 1066, il avait avec lui 120 barons capables de fournir chacun 5 000 hommes.

Les paysans
En bas de l'échelle sociale, les paysans (p. 10) nourrissent l'ensemble de la société. Installés sur des tenures, ils sont en quelque sorte les locataires du seigneur et soumis à son autorité. Ils paient donc des redevances en argent ou en nature, mais disposent parfois de lopins qui leur appartiennent.

Les seigneurs
A la tête d'un domaine plus ou moins vaste, le seigneur tire ses revenus du travail paysan. Il est aussi le combattant de la société médiévale, entretient à ses frais un cheval, une armure et des guerriers. Lié à son suzerain par le serment de fidélité et le baiser de paix, il lui doit le service militaire à tout moment (p. 14).

L'évêque porte une mitre, symbole de sa dignité.

Les évêques
Au deuxième rang de la hiérarchie religieuse après le pape, les évêques contrôlent un vaste territoire appelé diocèse (p. 31). Ils ont autorité sur les paroisses, les prêtres et un grand nombre d'abbayes. Le titre d'évêque donne droit à de nombreux bénéfices, dont la dîme (p. 13), et à d'immenses richesses.

Imitation burlesque de couronne royale, surmontée d'un chat

Le roi
Peu de rois étaient assez puissants pour entretenir leur propre armée. En cas de guerre, ils faisaient appel à leurs barons. Mais garder la mainmise sur ces puissants seigneurs, volontiers rebelles, n'était pas une mince affaire. En France comme en Allemagne bien des barons gouvernaient leurs fiefs comme des Etats indépendants et bien des seigneurs narguaient le roi du haut de leur donjon.

Justice !
En principe tous les hommes libres du royaume dépendent de la justice du roi. Mais celui-ci délègue ses pouvoirs aux comtes et aux seigneurs qui exercent le droit de haute et basse justice sur les habitants de la châtellenie. A côté des amendes pour les petits délits, les châtiments corporels sont proportionnels à la faute : exposition au pilori, fouet, amputation de l'oreille ou de la main, pendaison… La justice de l'évêque traite les cas de sorcellerie et d'hérésie. A partir du milieu du XIIe siècle, la justice du roi reprend de l'importance et se spécialise. Des juristes professionnels traitent la plupart des affaires et le roi, tel Saint Louis, intervient pour régler les cas importants ou les injustices seigneuriales.

UNE DURE VIE DE LABEUR

Statue d'un paysan français vers 1500

Qu'il soit serf ou homme libre, les conditions de vie du paysan médiéval sont très dures. Les serfs peuvent avoir une famille et jouir de quelques biens mais ils sont soumis à des impôts particuliers comme le chevage, le formariage pour se marier hors de la seigneurie ou la mainmorte pour toucher un héritage. Bien souvent, ils ne sont pas plus pauvres que les paysans libres, liés à leurs tenures par un bail et travaillant la terre avec autant de peine. En France, à partir du XIe siècle, le servage disparait peu à peu et, à la fin du Moyen Âge, la différence se creuse entre deux classes paysannes : les riches laboureurs qui possèdent un attelage et une terre, et les manouvriers n'ayant que leurs bras.

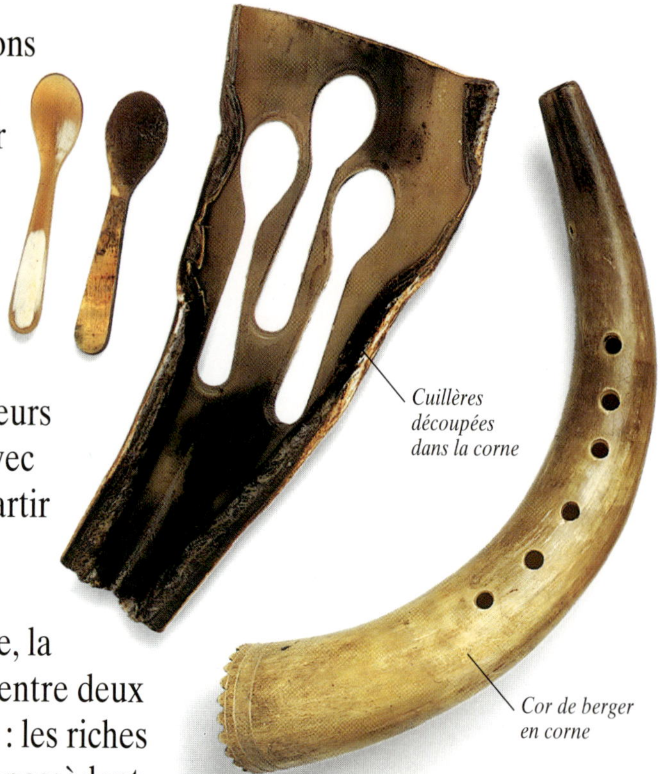

Cuillères découpées dans la corne

Cor de berger en corne

FAIT MAIN
L'essentiel de l'outillage était réalisé sur place, avec des matériaux locaux, par les villageois eux-mêmes. Après le cuir et le bois, la corne de vache ou de mouton était très largement utilisée ; facile à travailler (p.16), elle ne gardait pas les odeurs comme le bois. Les cuillères de corne ne nécessitaient pas grand nettoyage : il suffisait de les lécher pour qu'elles soient aussi propres qu'un sou neuf !

QUEL PAIN QUOTIDIEN ?
Mal outillés, mal vêtus, mal nourris, les paysans travaillent dehors par tous les temps avec d'énormes efforts physiques. Dans ces conditions, rien d'étonnant que l'espérance de vie ne dépasse pas 25 ans vers 1300 et à peine 40, deux siècles plus tard !

Epuisé, ce paysan essuie la sueur sur son front.

Wat Tyler est tué d'un coup d'épée.

RÉVOLTES PAYSANNES
Au milieu du XIVe siècle, la situation économique est catastrophique dans la plupart des pays européens. Affaiblis par la peste noire et la famine, les paysans sont soumis à des redevances de plus en plus lourdes de la part des seigneurs. Une révolte violente, la Jacquerie, éclate en Ile-de-France en 1358 et s'étend aux régions alentour. Mais elle est vite réprimée par les armées de chevaliers qui massacrent les rebelles. En Angleterre, des paysans révoltés marchent sur Londres en 1381 où ils tuent l'archevêque avant de se disperser. Avec leur chef, Wat Tyler, ils rencontrent le roi Richard II (1367-1450) mais Wat Tyler est tué dans une rixe peu après.

Ces paysans au travail ont roulé leurs chausses.

CHAUMIÈRE
Les habitations paysannes devaient ressembler à cette chaumière du XIIIe siècle reconstituée. Les murs étaient montés en pierres sèches sans mortier, ou en torchis, une matière très isolante composée d'argile et de paille que l'on pressait sur un lattis de bois. A l'intérieur : un sol de terre battue, peu ou pas de fenêtres. La maison n'avait pas plus de deux pièces et le mobilier était pauvre : une table à tréteaux, des bancs, un coffre pour les vêtements et des paillasses pour dormir. Le foyer se trouvait au milieu de la pièce, la fumée s'échappant tant bien que mal par une ouverture pratiquée dans le toit.

TENUE DE CAMPAGNE
Sans doute les paysans des climats tempérés vers 1450 s'habillaient-ils de cette façon. Tout comme les ustensiles et les outils, les habits étaient faits à la maison. Les femmes passaient une bonne partie de leur temps à filer la laine qu'elles tissaient ensuite. L'hiver, on portait des manteaux de cuir non tanné ou de peau de mouton pour se protéger de la pluie et du froid et l'on enfilait des sabots de bois sur les bottes de cuir afin d'éviter la boue. Les vêtements étaient portés et reprisés jusqu'à complète usure ; le linge de corps, quand il y en avait, était régulièrement blanchi. Néanmoins les habits devaient sentir la fumée de bois !

Fourche en bois pour le foin ou les gerbes de blé

LA VIE AU VILLAGE

La population européenne au Moyen Âge compte plus de quatre-vingts pour cent de paysans, qui travaillent la terre avec un outillage rudimentaire et n'obtiennent que de faibles rendements. Si la récolte est insuffisante, la famine s'installe. Autour des villages, la terre est répartie équitablement de sorte que chaque famille dispose de parcelles plus ou moins fertiles, en plus du potager. Peu de place est réservée à l'élevage mais on cultive un peu de fourrage. Pour les défrichements, les moissons et les labours, le village entier travaille en solidarité.

LA MOISSON
La moisson requiert tous les villageois, femmes et enfants y compris. Le blé est coupé à la faucille, assez haut pour que le chaume puisse servir de pâture au bétail. Les gerbes une fois liées sont chargées sur des charrettes. Puis, sur l'aire du village, on bat le blé au fléau pour faire tomber les grains des épis. A la fin de la moisson, une grande fête réunit tous les villageois. C'est l'un des grands moments de la vie paysanne.

Paysan secouant un chêne afin de faire tomber les glands pour ses cochons

Porc affamé

CULTURE EN TROIS TEMPS
Les paysans du Moyen Age pratiquent l'assolement triennal : deux champs sur trois sont cultivés pendant que le troisième est laissé en friche, ou jachère, pour que la terre se repose. Sur les deux autres, on sème les blés d'hiver et des céréales de printemps (orge, avoine). Les semailles se font à la main, à la volée.

Les semences tombaient dans les sillons, mais gare aux oiseaux affamés !

D'un geste rapide et régulier, le semeur jette le grain en arc de cercle.

Panier de semences

FRUITS D'AUTOMNE
Chaque automne, selon le droit de vaine pâture, les paysans menaient leurs porcs dans les forêts du seigneur afin de les engraisser avec les glands. Le bétail à cornes, quant à lui, paissait sur les talus et les friches. Moins bien nourris, tous ces animaux n'étaient pas aussi gras que ceux d'aujourd'hui.

Brancard tiré par un homme ou un bœuf

Paysans travaillant ensemble à la moisson

UN BON COUP DE CISEAUX
La tonte des moutons était le moment fort du printemps dans les régions d'élevage comme l'Espagne et l'Angleterre. La laine se vendait cher et faisait l'objet d'un commerce international florissant.

GRANGE DÎMIÈRE
Cette énorme grange du XIIIe siècle contenait le produit de la dîme. Officiellement, chacun devait un dixième de sa production (grain, bois, viande etc.) au clergé de la paroisse. Le taux était parfois inférieur à 10 % mais cette redevance, qui enrichissait l'Eglise aux détriments des paysans, était impopulaire.

RUDE LABEUR
La mécanisation étant inexistante, le travail agricole se faisait à la main avec des outils rudimentaires comme ceux-ci. Labourer, battre le blé, sarcler les mauvaises herbes, toutes ces activités nécessitaient d'énormes efforts physiques.

Serpe pour tailler la vigne

Faucille pour couper le blé

Gerbes de blé battu, ou paille

A l'arrière, des traverses de bois retiennent la charge.

Roue en bois cerclée de fer

La hauteur des roues permet de franchir les bosses et les ornières.

LA HANTISE DE L'HIVER
Bien utiles pour transporter le grain, les gerbes ou le foin, les charrettes médiévales devaient ressembler à celle-ci. Les paysans les plus pauvres portaient leurs charges à dos d'âne ou à dos d'homme. La paille servait de chaume pour les toits et de garniture pour les paillasses. Le foin nourrissait les animaux pendant l'hiver, les chevaux du seigneur surtout. L'essentiel du bétail était abattu à l'automne faute de nourriture pour l'entretenir jusqu'au printemps. Comme la moisson, la fenaison est partagée par tous les villageois.

LE MAÎTRE DU DOMAINE

Une châtellenie, un territoire soumis à un châtelain, comprend le château lui-même ainsi que le village qui l'entoure, avec son église et les terres environnantes. Selon le droit féodal, le maître des lieux a droit de basse ou haute justice sur les habitants et impose des amendes qui enrichissent ses finances. S'il possède plusieurs châteaux et de vastes domaines, il a sous ses ordres des officiers chargés de faire respecter son autorité et d'exiger des paysans les taxes ou les corvées qui lui sont dues. Celles-ci ont été définies par la coutume locale. Jusqu'au XIIIe siècle, la plupart des villages vivent en autarcie, produisant l'essentiel des éléments nécessaires à leur subsistance. Seuls le sel qui conserve la viande et le fer pour les outils viennent de l'extérieur. Mais les nouvelles circulent, véhiculées par les pèlerins, les marchands ou les ménestrels.

SERVICE MILITAIRE
Le seigneur est avant tout un guerrier qui met ses armes et ses hommes au service du roi ou de son suzerain. Il lui doit par exemple quarante jours de chevauchée hors de la seigneurie.

INTENDANT
Le seigneur s'entoure d'officiers qui l'aident à administrer le domaine. L'intendant, ou régisseur, a la lourde charge d'organiser le travail agricole et de prélever les redevances. Bien payé, pas toujours honnête, c'est un homme puissant que redoutent les paysans.

VIE DE CHÂTEAU
Le châtelain et son épouse ont tous deux des rôles d'organisation et de surveillance sur le domaine ou la maisonnée. Mais ces activités leur laissent des loisirs. Sur cette tapisserie française, deux anges élèvent un dais au-dessus d'un couple richement paré. Est-ce pour mettre en évidence les agréments de la condition noble ?

MAISON FORTE
Le seigneur abrite sa famille dans une maison de pierre entourée d'une solide enceinte et d'un fossé. A l'intérieur, il y a place pour les écuries, le jardin, les celliers et réserves sans oublier la chapelle. Au centre de la maison, une grande salle accueille les assemblées et sert à toutes les grandes occasions de l'année : cours de justice, fêtes pleinières de Pâques et de Noël, banquets…

BONNE CHASSE
Les seigneurs passent le plus clair de leur temps à la chasse et entretiennent des meutes de chiens courants pour le cerf ou le sanglier. Les dames préfèrent la chasse au vol, avec des faucons bien dressés qui capturent lapins et pigeons.

AU FOUR ET AU MOULIN
Pour moudre leur blé, les villageois disposent de moulins à eau appartenant au seigneur. Ils sont tenus d'y porter leur grain, moyennant une redevance en nature, ou « banalité » (du droit seigneurial appelé « droit de ban »). De la même façon, le seigneur s'enrichit en installant dans les villages un pressoir ou un four « banal » avec obligation pour les habitants d'utiliser uniquement ces équipements seigneuriaux.

BAILLIS ET PRÉVÔTS
Selon l'importance de leurs terres, les barons font appel au service d'agents spécialisés. Dans le nord de la France, les grands domaines étaient souvent gérés par des prévôts. Ces agents de l'administration seigneuriale connaissaient bien la juridiction féodale concernant les terres et les forêts. Les baillis, de leur côté, s'occupaient davantage de la police et de la justice sur les terres du seigneur. A la fin du Moyen Age, baillis et prévôts deviennent des agents de l'administration royale dans toutes les régions.

AGENT SEIGNEURIAL
Cet officier de seconde main est le bras droit du régisseur dans les grands domaines. Il connaît bien le monde paysan dont il est issu et dirige par exemple les équipes de moissonneurs, veillant à ce que chacun commence à l'heure et ne dérobe aucun outil.

AU CHAUD
Dans les maisons de bois, on limite les incendies en installant les foyers au centre des pièces. Les conduits de cheminée pris dans l'épaisseur des murs se vulgarisent au XVe siècle avec l'essor de la construction en pierre.

MAISONS MÉDIÉVALES

Rien de très confortable dans les maisons médiévales, excepté dans les riches demeures ! L'air y est enfumé par la cheminée de la cuisine et les chandelles de suif très malodorantes. Les fenêtres sans vitres laissent pénétrer plus d'air froid que de lumière. Le mobilier y est rare : peu de sièges, des bancs, quelques coffres. Les lits en revanche sont protégés des courants d'air par des rideaux ; on y empile plusieurs matelas. Les pauvres, quant à eux, dorment sur des paillasses à même le sol pavé de céramique ou de bois. À défaut de tapis, les planchers sont jonchés de paille, changée plusieurs fois par an. L'été, on lui préfère des jonchées d'herbe fraîche. Il n'est pas rare de voir toute la maisonnée travailler, vivre et manger dans une seule pièce. À partir du XIIIe siècle, apparaissent des éléments de confort, et les plus riches cherchent à sauvegarder leur intimité en multipliant les pièces.

Les volets sont fermés la nuit.

FENESTRAGE
Le niveau de vie des habitants était reconnaissable à leurs fenêtres : les pauvres se contentaient de volets de bois que l'on fermait la nuit et par temps froid ; les plus aisés disposaient de fenêtres garnies de toiles de lin trempées dans la résine pour les imperméabiliser, qui limitaient les courants d'air mais ne protégeaient guère du froid.

Corne déroulée

Corne de mouton recourbée

La partie centrale est émincée et polie.

TOUT EN CORNE
Comme le cuir, la corne avait de multiples usages ; on en faisait par exemple des panneaux pour les fenêtres. Il fallait la laisser trois mois dans l'eau pour la ramollir puis on l'étirait, on la fendait en couches minces et on la polissait pour la rendre translucide.

L'urine, conservée dans un urinal, servait ensuite à divers procédés de teinture.

Mur de torchis

Parfois, les latrines des châteaux donnaient directement dans le fossé.

PRIVÉ
A la fin du XVe siècle, certaines maisons disposent de toilettes ou privés : une pièce minuscule en surplomb avec un conduit d'évacuation menant à une fosse. Les latrines dans la cour existaient également.

Les lamelles de corne sont encastrées dans un châssis de bois.

CHAMBRE AVEC VUE ?
Au Moyen Age, le verre est rare et cher, réservé aux vitraux des églises et des palais. La plupart des maisons bourgeoises se contentaient de panneaux de corne ou de parchemin, beaucoup moins chers et moins fragiles. Sans avoir la transparence du verre, ces matériaux diffusaient une lumière douce et procuraient une certaine intimité, si rare au Moyen Age.

AVEC UNE BERCEUSE
Ce berceau était sans doute l'un des meubles les plus confortables de la maison mais il ne limitait guère les risques liés à la petite enfance. Plus d'un enfant sur trois mourait de maladie avant l'âge de 2 ans.

BIEN ASSIS
Le commun des mortels ne connaissait pas d'autres siège que le banc. Seul, le seigneur, ou l'évêque, était en mesure de posséder un fauteuil, ou chaire, avec dossier et accoudoirs.

BONNE NUIT
Un manuel de ménage du XVe siècle donne des instructions très précises pour le coucher du maître. Après l'avoir dévêtu, peigné et coiffé de son bonnet de nuit, le serviteur devait tirer les rideaux autour du lit, allumer la veilleuse, chasser chiens et chats à coups de pied si nécessaire, ne pas souhaiter le bonsoir mais s'incliner et se retirer. Tout un programme !

QU'ON EST BIEN CHEZ SOI !
Des rideaux de toile ou des tapisseries de laine étaient accrochées sur les murs et dans les passages, y compris sur les portes. Leur fonction était d'arrêter les courants d'air, de créer une forme d'intimité et d'être agréable à l'œil par leurs couleurs chatoyantes. Cette tapisserie rayée et le rideau qui l'accompagne proviennent de la demeure d'un riche marchand.

ÇA FLEURE BON
Les plantes aromatiques telles que la lavande ou la tanaisie se glissaient dans les paillasses. Outre leur parfum, elles avaient pour effet de chasser les puces et autres parasites.

À TIROIR
Les bourgeois du Moyen Age s'enferment la nuit dans un lit clos avec courtines et ciel de lit, mollement installés sur plusieurs matelas de plume. La paille est réservée aux moins riches. Jusqu'à une époque avancée, le lit n'est pas personnel ; on le partage volontiers entre enfants et même entre adultes. Celui-ci appartenait à un bailli au tournant du XVe et du XVIe siècle. Pas de sommier : le lit est un simple cadre de bois garni de planches.

DE LA CUISINE À LA TABLE

L'alimentation au Moyen Âge varie beaucoup selon le niveau de vie. Si les nobles et les riches bourgeois peuvent s'offrir des plats variés, parfumés aux épices venues d'Orient ou agrémentés de fruits secs, d'amandes et d'huile d'olive, les pauvres, eux, vivent chichement de soupes, de pois et de bouillies. Le pain blanc, de froment pur, est réservé aux gens des villes ; à la campagne, on consomme un pain noir ou bis composé de farine d'avoine et de seigle. Quelques légumes, des laitages, un peu de viande de porc complètent ce menu. Pendant l'hiver, les repas sont encore moins variés : l'éternel lard salé parfume le bouillon que l'on épaissit avec du pain, des pois, des haricots secs. Quant aux harengs en saumure, ils nourrissent le petit peuple des villes, les soldats et les marins.

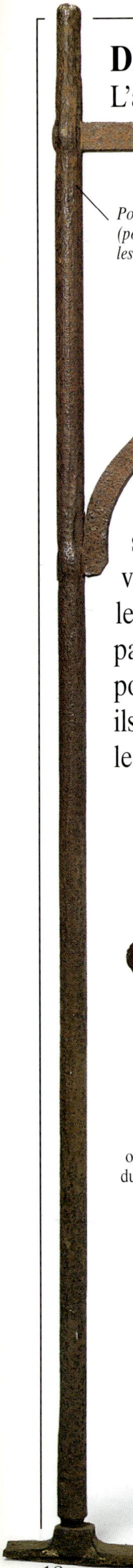

Potence (pour accrocher les instruments)

Crochet pour les pots légers

Crémaillère

La crémaillère permet de remonter le pot-au-feu ou de le rapprocher des braises, selon le besoin.

Croc en ciseau pour les gros chaudrons

BONS CROCS

Au Moyen Age, la cuisine se fait dans la cheminée ; elle nécessite de nombreux crochets pour suspendre les pots et les chaudrons au-dessus des braises. Une fois bouillis, les morceaux sont tirés du pot à l'aide d'un croc à viande. Puis on ajoute des céréales ou des légumes afin d'obtenir un plat nourrissant qui constitue la base des calories journalières. Avec le bouillon mélangé à des jaunes d'œufs et des amandes on obtenait une gelée appelée blanc-manger.

Croc à viande, pour tirer les morceaux du pot

Truite de rivière

À LA DIÈTE

L'Eglise préconise de nombreux jours de jeûne pendant l'année : le Carême, les vendredis et veilles de fête. La viande est alors interdite. Les harengs saurs ou fumés, les crustacés récoltés sur les plages et les anguilles sont la nourriture du pauvre ; pour les plus aisés le marché fournit des poissons de mer tandis que les viviers d'eau douce procurent carpes et brochets.

Ce pot tripode se posait directement sur le feu ; il pouvait aussi s'accrocher.

Bûches

Trépied, ou chevrette

Sole de foyer en pierre

HOMMES AU FOYER
Dans la chaumière paysanne, la soupe, préparée par les femmes, mitonne dans un chaudron sur la braise. Mais, dans les cuisines des châteaux, s'affairent de nombreux cuisiniers, des hommes le plus souvent. Disposant de fours et de vastes cheminées, ils rôtissent, grillent, préparent toutes sortes de mets en grande quantité. La vaisselle est lavée par des souillons dans la souillarde.

Les lapins (ou connils en vieux français), attrapés au collet, constituent le régal des pauvres.

Une oie peut être engraissée pour les grandes occasions.

Enveloppés d'argile et cuits dans la cendre chaude, les pigeons seront délicieux.

Les rôtis sont préparés sur des tables à viande.

AU CELLIER
Des quartiers de viande y sont pendus à côté du gibier. Lapins, pigeons, sangliers tués à la chasse sont bienvenus sur la table des riches. Le gibier d'eau, du héron au cygne, a bonne réputation. On ne néglige pas non plus les petits oiseaux, merles et grives, qui sont attrapés à la glu ou au filet.

Romarin
Sauge
Persil
Menthe

SI SIMPLES
Les herbes aromatiques, ou simples, tiennent une grande place dans la cuisine médiévale, souvent terne et trop salée. Peu appréciés comme légumes en tant que tels, le chou, les raves et les oignons entrent dans la composition des soupes et des bouillons.

Les chenets supportent les bûches.

Fourche et tisonnier pour le feu

Petit bois

Couvre-feu conservant les braises pendant la nuit

GARE AU FEU
Les huttes paysannes en torchis n'ont pas de cheminées murales. Le foyer est posé sur le sol, au centre de la pièce. Impossible, évidemment, d'y rôtir des viandes ! A la belle saison, on cuisine dehors, sous un appentis.
Chez les puissants, la cuisine est souvent située à l'extérieur par peur des incendies. Il faut dire que les risques étaient réels. On imagine mal quelle quantité de bois et de braises il fallait pour faire rôtir à la broche deux bœufs à la fois dans les châteaux du roi Jean sans Terre (1167-1216).

La table sous tous ses aspects

Après le déjeuner du matin qui fait cesser le jeûne, le dîner est le repas principal de la journée ; il a lieu vers midi. Pour les grandes occasions, le maître s'assoit avec ses invités de marque à la table haute dressée sur une estrade au centre de la salle tandis que les autres convives (personnes de moindre importance et membres de la maisonnée) prennent place autour des autres tables. Les repas de fête comportaient trois services composés chacun de plusieurs plats de viande, de poisson et de desserts épicés. Un seul service dans un livre de cuisine de 1393 indiquait du bœuf, de la lamproie, deux ragoûts de mouton, un poisson en sauce et un blanc-manger (sorte de flan), le tout accompagné de petits pains blancs.

Tout est en ordre
Au centre de la grande table, le maître de céans est adossé au mur. Ses invités l'encadrent selon une hiérarchie bien établie : d'abord les hommes d'Eglise puis les nobles et enfin sa propre famille. Les serviteurs vont et viennent, apportant divers plats de la cuisine ou des garde-manger ainsi que des cruches de vin venues tout droit de la cave. Pendant les entremets, jongleurs et musiciens divertissent l'assistance.

Gobelet

Couteau personnel gravé aux initiales de son propriétaire

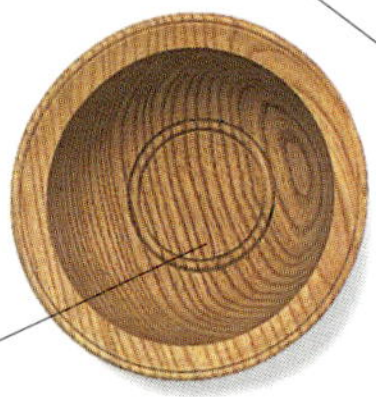

Bol en bois pour la soupe

Ce plateau d'étain sert à poser le tranchoir, tranche de pain sur lequel on découpe sa viande.

Les cuillères étaient offertes par la maison.

Les couverts
Les fourchettes ne font leur apparition à table qu'au XVIe siècle. Chacun a son propre couteau dont il use pour harponner les morceaux de son choix dans le plat. Il les pose ensuite devant lui sur un tranchoir, large tranche de pain faisant office d'assiette.

Siège du maître au centre de la table

Sol richement pavé de carreaux vernissés

L'estrade portant la table se nomme « haut dais ».

AUTRES TEMPS, AUTRES MŒURS
Les jours de banquet, la salle devient enfumée et bruyante. Si certains hôtes de marque ont leur vaisselle, cela ne choque personne de partager son gobelet avec son voisin. On mange avec ses doigts qu'il faut donc avoir propres, c'est pourquoi un serviteur propose à tout moment une aiguière et un bassin pour se laver les mains. Il est également recommandé d'utiliser un coin de la nappe plutôt que ses doigts pour se gratter et de ne pas cracher sur son voisin ! Malgré ces sages conseils, la tenue des convives laissait souvent à désirer.

AU QUOTIDIEN
Si les grandes familles nobles de la fin du Moyen Age usent d'un cérémonial de la table, bien des gens partagent simplement leur repas avec leur maisonnée, serviteurs y compris. Ceux-ci sont certainement mieux nourris que bien des paysans. Les repas se prennent dans la salle, généralement située au premier étage de la maison, la cuisine étant réservée à la préparation des repas.

À TABLE !
La table a été soigneusement dressée pour le maître avec une nappe propre, des planchettes pour les tranchoirs, des gobelets ou des hanaps et des salières. Si la maison est très riche, peut-être y aura-t-il de la vaisselle d'étain ou d'argent ainsi que des verres... en verre ! A partir du XVᵉ siècle les convives reçoivent sur leurs genoux une large serviette commune.

VOILÉE
Les jeunes filles vont tête nue, cheveux nattés, mais il est plus convenant pour une femme mariée de cacher ses cheveux sous une coiffe ou « guimpe » comme celle-ci.

FEMMES DU MOYEN ÂGE, DES MAÎTRESSES FEMMES

« Il est clair que la femme est moins noble que l'homme et de moins grande vertu », écrivait un prêtre français en 1386. L'Église du Moyen Âge méprise les femmes et s'en méfie. Leur devoir est de rester soumises à leur père puis à leur époux. En réalité, la vie des femmes est assez éloignée de cette image stéréotypée. Hormis les dames de haut lignage, rares sont celles qui restent sagement à la maison ; la plupart d'entre elles travaillent pour vivre. Paysannes, elles peinent dans les champs, filent, tissent et nourrissent leur famille. Citadines, elles sont actives dans les ateliers et les échoppes, font du commerce pour leur propre compte ; certaines sont aubergistes, lavandières, voire médecins. Mais qu'elles soient reines, abbesses ou femmes du peuple, elles ont peu de pouvoir sur la société.

DEMOISELLE DE FER
Etrange histoire que celle de Jeanne d'Arc (1412-1431). Simple paysanne de Lorraine, elle prend la route et les armes après avoir entendu des voix. Accueillie par le roi Charles VII à Chinon, la voici bientôt à la tête d'une armée qui délivre Orléans. Mais la chance tourne vite : abandonnée par tous, prisonnière, elle sera brûlée vive comme sorcière.

AU COUVENT
Dans la société médiévale, il n'y a pas de place pour le célibat. Les monastères prospèrent et accueillent un grand nombre d'hommes (pp. 36-39) ou de femmes. Les jeunes filles nobles y reçoivent une éducation soignée, vivent une existence sereine à l'abri de la faim, des armes et des convoitises. Devenant abbesses, certaines d'entre elles portent la responsabilité spirituelle et matérielle d'une vaste communauté.

LE SCEAU DU POUVOIR
Posséder la terre est au Moyen Age la plus grande des richesses. Tout comme un homme, une riche héritière est maîtresse de son bien. Pour l'administrer, elle est amenée à signer des chartes sur lesquelles elle appose son sceau. Celui-ci appartenait au XIIIe siècle à Elisabeth de Sevorc. Quand une fille noble se marie, sa terre est administrée par son mari. S'il meurt avant elle, elle reprend son bien dont hériteront ses enfants ; en tant que veuve, elle touche une part du domaine de son époux, le douaire.

DU CŒUR À L'OUVRAGE
Cette femme s'évanouit en apprenant la mort de son époux. Son rôle sera désormais de gérer les affaires du défunt. Elle l'a déjà fait chaque fois qu'il est parti à la guerre, à la croisade (p. 28) ou à la cour. Et il faut à la fois du savoir-faire et de l'autorité pour bien gérer un domaine ! Certaines nobles dames savent aussi manier les armes et défendre leur château en cas de siège avec l'aide de leurs vassaux.

FILE LA LAINE...
Filer est une activité féminine. Le rouet, d'origine indienne, n'apparaît qu'à partir du XIIIe siècle. Avant cette date, on utilise un fuseau comme celui-ci et une quenouille, d'où l'expression « tomber en quenouille » qui s'emploie pour un héritage tombé dans les mains d'une femme.

La laine se tord en fil à mesure que l'on tourne le fuseau.

COIFFE
Dans la plupart des cas, une simple toile de lin blanc suffit, mais les plus riches enveloppent leurs cheveux dans des résilles ou crépines. La coiffe médiévale la plus connue, le hennin, ne fut en vogue qu'à la fin du XVe siècle.

La coiffe de lin cache les cheveux et les protège de la poussière.

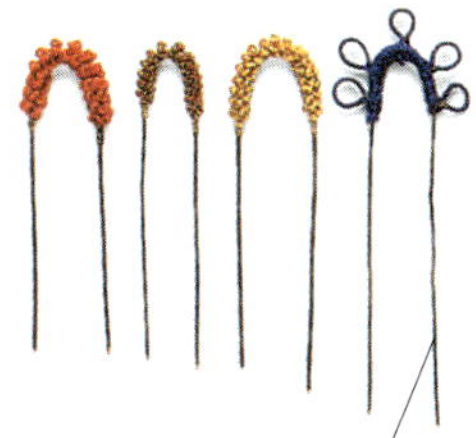

Epingles à cheveux décorées

AVEC LES MOTS POUR LE DIRE
Christine de Pisan (1364-1429) est l'une des premières femmes qui ait vécu de sa plume. Dans ses poèmes, elle s'insurge contre la manière dont les femmes sont traitées : glorifiées et méprisées tout à la fois.

Manche de chemise

Chapelet

Manches amovibles pour les dimanches et jours de fête

TENUE DE VILLE
Une bourgeoise de classe moyenne au XVe siècle n'aurait pas rougi devant ces vêtements. Les habits quotidiens étaient simples, adaptés aux occupations des femmes qui pouvaient exercer toutes sortes de métiers, y compris tenir la boutique de leur mari. Certaines d'entre elles devaient cumuler deux activités car leur salaire était souvent moins élevé que celui des hommes.

Jupe de laine cousue au corsage ; le tout forme la cotte.

Bourse de cuir servant de poche

Jarretière de cuir tenant les chausses

Chausses de laine

On chausse des patins de bois par mauvais temps.

Chaussures fines, ou solers

LES GRANDS BARONS

Dans la société féodale, chaque noble guerrier est un vassal qui sert un plus puissant que lui. Mais, à partir du XIe siècle, certains grands seigneurs ont pris tant d'indépendance que le roi parvient difficilement à les contrôler. Ils règnent en maîtres sur leurs domaines qu'ils gouvernent comme des États indépendants et leurs cours sont souvent plus riches et plus raffinées que celle du roi. Ainsi, l'orgueilleux sire de Coucy arborait une garde personnelle de cinquante chevaliers, suivis chacun par dix hommes ! Au XIe siècle, le seigneur de Montlhéry, entouré de vassaux armés jusqu'aux dents, causait des ravages en Île-de-France, rançonnant voyageurs et marchands, et mettant l'autorité royale à rude épreuve.

ÉCHEC AU ROI
Les rois s'appuyaient généralement sur un Conseil de grands barons et d'ecclésiastiques. Mais un baron anglais, Simon de Montfort, duc de Leicester, chercha à limiter le pouvoir arbitraire du roi Henri III (1216-1272). Il eut l'audace de créer en 1264 le premier parlement populaire où les bourgeois siégeaient à côté des nobles et des évêques, mais il fut tué en 1265.

MAUVAISE COMPAGNIE
Les barons enrôlaient parfois des régiments de mercenaires qui combattaient pour eux. Ces compagnies étaient formées de guerriers de toutes nationalités, soldats revenant des croisades ou chevaliers excommuniés, qui ravageaient le pays.

DRACULA !
Vlad Tepea, qui régna au XVe siècle sur la Valachie (Roumanie), était réputé pour sa cruauté. Il empalait ses victimes. Il se surnommait Dracula, « le fils du Dragon », car les armoiries de son père présentaient un dragon.

LE DROIT DE BAN
Un chevalier banneret est un chevalier assez puissant pour commander une bannière : un groupe d'hommes portant son emblème cousu sur des pièces de toile. Cette toile armoriée prend elle aussi le nom de bannière et devient un point de ralliement dans les batailles.

LES SECRETS DE L'HÉRALDIQUE
Comment reconnaître l'ami ou l'ennemi sous le casque ? Les emblèmes cousus ou peints sur les cottes d'armes et les boucliers permettait de savoir à qui l'on avait affaire. L'art des armoiries dépassa bientôt le champ de bataille pour gagner les salles des châteaux.

Bannière du XVe siècle

Sceau du roi Jean

La grande charte
En juin 1215, les barons anglais, soutenus par le clergé et le peuple de Londres, forcèrent le roi Jean sans Terre (1199-1216) à signer la Magna Carta. Par ce document, le souverain s'engageait à limiter les taxes et confirmait les libertés anglaises. Bien que cette charte n'ait rien d'égalitaire (le menu peuple y est à peine mentionné), elle symbolise l'autorité de la loi sur tous, y compris sur le roi.

Les seigneurs de la guerre
Monté sur son destrier, armé de sa lance et revêtu de l'armure, le chevalier lancé au galop devait ressembler à un char d'assaut et la charge de cavalerie avait de quoi effrayer plus d'un fantassin. Décrivant l'attaque de Durham en 1143, un moine eut ces mots douloureux : « Tout ce qui se trouvait sur leur route fut détruit ; des hommes furent pendus aux murs de leurs maisons, d'autres jetés à la rivière. Partout à travers la ville, il n'y avait que des gémissements et la mort. »

Bassinet à « bec d'oiseau », XIVe siècle

Marteau d'armes italien, fin du XVe siècle

Hache de guerre allemande, XVe siècle

Pommeau en forme de roue

Epée française, XIVe siècle

Lame à double tranchant portant des traces d'usure et de coups

Jugement de Dieu
Lorsque les juges ne savaient pas comment dénouer un procès difficile, ils faisaient appel au « jugement de Dieu » reposant sur l'idée que Dieu ne laissera pas périr l'innocent. Le plaignant et l'accusé se livraient un combat sans merci et celui qui gagnait par les armes gagnait aussi le procès. Certaines personnes, les femmes notamment, louaient des champions qui combattaient pour elles mais le perdant risquait, pour punition, de se faire couper les mains.

Châtelet d'entrée

La force des pierres
Pour se protéger en temps de guerre, on bâtissait des fortifications. Des châteaux forts jalonnaient par centaines le paysage médiéval et les villes étaient entourées d'épais murs de pierre gardés par des tours et de solides portes. Certains murs étaient larges de 10 m. Ici l'enceinte fortifiée de Carcassonne, avec l'une de ses 54 tours.

À LA COUR DU ROI

Pendentif en forme de cœur, décoré de larmes

Le roi vit entouré de vassaux, de conseillers et de grands officiers. Bien que résidant dans la capitale, il est souvent sur les routes du royaume à visiter ses châteaux, à organiser des assemblées et à rendre la justice sur ses domaines. À mesure que s'épanouit la monarchie, l'administration royale se spécialise : la Cour des aides et la Chambre des comptes gèrent les finances tandis que le parlement devient la première cour de justice du royaume. Sans atteindre le luxe des cours de la Renaissance ou de Louis XIV, la Maison du roi ne cesse de s'accroître car son rôle est d'affirmer la puissance royale. Ainsi les châteaux de l'empereur Frédéric II (1194-1250) en Sicile étaient-ils remplis d'animaux exotiques, ornés de jardins somptueux et de parquets dorés.

ABUS DE POUVOIR
Dans la société médiévale où tout est religieux, le roi reçoit son pouvoir de Dieu. Il a donc pleine autorité sur ses sujets sans prétendre à la monarchie absolue, mise en place au XVIIe siècle. On voit ainsi le roi d'Angleterre Richard II (1367-1400) passer des heures sur son trône à regarder sa cour s'agenouiller devant lui. Cette arrogance fit mauvais effet : il fut détrôné en 1399 ! En effet, la cour médiévale n'a rien à voir avec l'assemblée de courtisans soumis instituée plus tard par Louis XIV.

DIVERTISSEMENTS
Chaque cour, seigneuriale ou royale, recevait des jongleurs, des acrobates et des ménestrels qui chantaient en s'accompagnant du luth et de la harpe. Les chansons d'amour faisaient vibrer l'assistance. Les plus anciennes furent écrites par les troubadours, de langue d'oc, qui habitaient le Sud de la France au XIIe siècle.

La lance de joute atteint 4 m de longueur.

LA POLITIQUE DE LA LANCE
Se révolter contre le roi est perçu comme un défi à Dieu mais les grands barons sont sans cesse à l'affût d'une défaillance royale pour prendre plus de pouvoir. Les rois multiplient les alliances de toutes sortes (hommages, mariages) avec les grandes familles du royaume afin de s'attacher les barons rebelles. Les fêtes à la cour, avec chasses et tournois, ont souvent le même but : pendant qu'ils s'essaient à la lance, les seigneurs ne complotent pas ! De même, les liens affectifs et familiaux jouent un rôle important dans la politique royale.

Les dames assistent au tournoi depuis la tribune.

JOUER À LA GUERRE
Les tournois font partie des manifestations organisées par le roi pour rassembler la noblesse autour de lui. Ces joutes ont aussi pour objet de sélectionner les meilleurs chevaliers et de les entraîner au maniement des armes. Dès le XIe siècle, toute la chevalerie occidentale se passionne pour ce sport très dangereux. L'on a vu jusqu'à 60 chevaliers trouver la mort en un même tournoi.

Jeton de jeu pour le trictrac

LOISIRS
A côté des activités de plein air, les nobles de la cour consacrent beaucoup de temps aux jeux de société tels que les dés, les échecs et le trictrac. Les jeux de cartes font leur apparition au XIIIe siècle.

AFFAIRES SÉRIEUSES
Le roi exprime ses volontés par écrit au moyen d'édits, de chartes ou d'actes. Son secrétariat, ou chancellerie, joue un rôle essentiel dans les affaires du royaume et garde précieusement le sceau royal ainsi que les archives. C'est Philippe Auguste (1165-1223) qui décida d'installer les archives royales au Louvre ; jusqu'alors elles suivaient le roi dans ses déplacements et risquaient d'être perdues.

Le sceau royal « officialise » le document.

Les boucliers et les casques étaient gagnés par le vainqueur du tournoi.

COURS D'AMOUR
Organisées dans l'entourage des princes et des rois, les cours d'amour sont des débats poétiques consacrés aux dames. Ils se présentent sous forme de jeux et de tribunaux pendant lesquels les accusés, qui auraient manqué de respect aux dames, déclament de longs poèmes courtois pour leur défense. C'est Christine de Pisan, prenant la défense des femmes, qui est à l'origine d'un tel jeu.

Bouclier flamand du XVe siècle

Des chevaliers de Dieu aux soldats du roi

Les siècles du Moyen Âge sont jalonnés de guerres. Pendant près de trois siècles, les croisades entraînent loin de l'Europe des armées de chevaliers turbulents. Plus tard, de 1337 à 1453, la France et l'Angleterre s'épuisent à mener la guerre de Cent Ans, pendant laquelle les techniques militaires ont beaucoup évolué. La chevalerie, qui régnait jusqu'alors sur les champs de bataille, se voit peu à peu supplantée par le canon et par des armées de métier, composées de soldats disciplinés qui combattent pour le roi. En même temps, apparaissent des mercenaires qui se louent au plus offrant. Mais, en dehors de ces grands épisodes, la guerre médiévale fut surtout une longue suite de querelles entre seigneurs, de sièges et de chevauchées de courte durée car tout vassal devait à son suzerain un service militaire n'exédant pas quarante jours.

Croisades
En 1095 le pape Urbain II appella les chevaliers chrétiens à délivrer le tombeau du Christ à Jérusalem, tombé aux mains des Turcs musulmans. Une première armée de la Croix (ou croisade) reconquit Jérusalem en 1099 mais les Turcs reprirent bientôt leur avancée. Sept autres croisades suivirent de 1147 à1270, sans succès. Cette peinture du XVe siècle montre l'arrivée des croisés à Damiette (Egypte).

Cette pique, montée sur une longue hampe, était utilisée par les fantassins pour arrêter les chevaux.

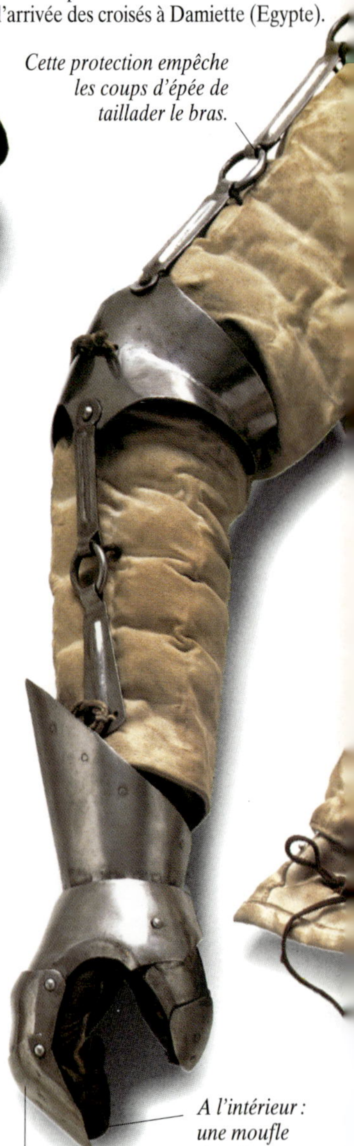

Cette protection empêche les coups d'épée de taillader le bras.

A l'intérieur : une moufle de cuir

Gantelet protégeant la main et le poignet

Tir à l'arc
Les corps d'archers jouèrent un grand rôle dans le déclin de la chevalerie au XVe siècle. Un tir de flèches bien ajusté pouvait décimer les cavaliers et surtout leurs montures ; privés de chevaux, les guerriers en armure étaient des proies faciles pour les piétons (soldats de pied).

Coupe en bois pour la bière

Ecuelle en bois et cuillère

Sac de toile

Charbon de bois ou amadou

Acier

Pierre à briquet

Pierre à feu, amorce et acier pour allumer les feux de camp

Brodequins de cuir, usés au bout de 3 mois

Un estomac dans des talons blessés
Un fantassin vit et combat sur ses pieds. Il marche au moins 10 km par jour, souvent beaucoup plus, et son bol de soupe n'est guère rempli, car l'armée se nourrit sur le pays qu'elle traverse. La famine était telle lors de la première croisade que les soldats chrétiens parlèrent de manger leurs ennemis morts : « Salés et bien cuits, ils seront bons à manger », disaient-ils !

RANÇON
La capture d'un ennemi de haut rang était une source de profit car la famille du prisonnier payait une rançon contre sa liberté. Celle de Richard Cœur de Lion, pris par les Turcs en 1194, s'éleva à 150 000 marcs, une somme colossale que durent payer ses vassaux et ses sujets.

LA BOURSE ET LA VIE
Partout où il allait, le fantassin portait son bagage, qui devait se réduire au strict minimum. Accrochée à sa ceinture, cette bourse de cuir contenait de l'argent, quelques dés, de quoi allumer un feu et peut-être une pièce de tissu en cas de blessure.

CORPS À CORPS
Avec une dague dans la main droite et un bouclier dans la gauche, un fantassin pouvait être redoutable. Cette rondache (ou bouclier de poing) ne servait pas seulement à protéger des coups, elle pouvait aussi blesser l'adversaire au visage grâce aux bandes de fer dont elle était pourvue. A la fin du Moyen Age la plupart des fantassins étaient armés de piques et de hallebardes montées sur de longues hampes qui causaient de terribles blessures.

ANTICHOC ?
Cet équipement militaire a pu appartenir à un fantassin du XVe siècle. Une partie lui a été fournie et sans doute a-t-il volé le reste lors d'un pillage ! Trop pauvres pour posséder une armure de fer, les gens de pied étaient protégés par une brigantine, tunique de cuir matelassée et parfois renforcée de plaques de fer. Munis en sus d'un casque, de gantelets et de canons de bras, ils résistaient aux coups d'épée et de dague.

L'ÉGLISE TOUTE-PUISSANTE

L'Église au Moyen Âge gouverne l'ensemble de la société. Elle édicte ses propres lois, a ses tribunaux et possède d'immenses domaines fonciers. Tout au long du Moyen Âge, elle s'enrichit grâce aux dons des rois et des nobles et aussi grâce aux testaments des bourgeois qui lui lèguent une part de leur fortune pour le salut de leur âme. Le catholicisme est alors la seule religion en Europe et sa pratique est obligatoire. Les gens de tous âges et de toutes conditions sont baptisés, ils assistent à la messe toutes les semaines, se marient devant le prêtre et sont enterrés religieusement. Jusque dans ses moindres détails, la vie sociale ou intime est réglée par l'Église. Même les régimes alimentaires sont soumis aux lois religieuses, et l'ensemble de la société se prive de viande pendant les quarante jours du Carême.

GROS BONNETS
Les archevêques ont autorité sur plusieurs évêques ; puissants personnages, ils siègent au Conseil du roi et influent sur la vie politique.

VENU DU CIEL
Suspendu au-dessus de l'autel, cet oiseau doré symbolise l'Esprit Saint qui, selon les chrétiens, est l'une des trois formes de Dieu. Pendant la messe, la consécration du pain et du vin rappelle la mort du Christ sur la croix.

L'encensoir oscillait au bout de sa chaîne dorée.

L'encens incandescent était placé dans l'encensoir.

QUE DE TRÉSORS !
L'Eglise tire une partie de ses immenses richesses de la vente des indulgences. Par cette pratique, elle vend aux croyants le pardon de leurs péchés et la promesse de la vie éternelle. Chaque grande abbaye ou cathédrale a les moyens de s'offrir un trésor où s'amoncellent de somptueux vases sacrés comme ce calice en argent du XIVe siècle.

PAUVRE COMME JOB
Si le haut clergé regorge de richesses, les curés de paroisse sont souvent proches de la misère. Leur mission est d'éduquer le peuple, mais, en général, ils manquent eux-mêmes de culture religieuse. Néanmoins, ils connaissent quelques rudiments de latin et d'Ecriture sainte qu'ils enseignent aux enfants. Leurs revenus proviennent de la dîme mais aussi des offrandes des paroissiens à l'occasion des mariages, baptêmes et enterrements.

L'ODEUR DE L'ENCENS
Pendant la messe, le prêtre parfumait l'air avec de la fumée d'encens, peut-être pour éloigner l'odeur pestilentielle du diable. Ecouter la messe faisait partie des devoirs du chrétien qui gagnait ainsi son paradis. Favorisés, les riches allaient jusqu'à payer un « trentain », soit trente messes dites à leur intention.

LA PROIE DES FLAMMES
Rares étaient ceux qui osaient défier l'autorité de l'Eglise. Considérés comme hérétiques, ils risquaient de sévères punitions. Ils étaient jugés par un tribunal ecclésiastique et souvent torturés pour leur faire avouer leur faute, puis condamnés au bûcher. Le mouvement cathare, qui s'épanouit dans le Sud de la France au XIIe siècle, était un danger pour l'Eglise catholique. En 1208, le pape ordonna la « croisade contre les Albigeois », qui fut un effroyable massacre. Pendant 26 ans, des milliers de cathares furent torturés et brûlés vifs jusqu'à disparition complète de cette hérésie, qui était aussi une rébellion politique à laquelle adhéraient les grands barons du Sud et bon nombre d'évêques prêts à fonder une nouvelle Eglise.

VISIONS D'ENFER
L'Eglise enseignait qu'au moment de la mort, les bonnes et les mauvaises actions de chacun durant sa vie étaient pesées sur une balance. Selon le cas, l'âme était portée au paradis par des anges ou traînée en enfer par les démons. Conçues pour impressionner les croyants, les représentations de l'enfer et de ses multiples tourments étaient toujours terrifiantes.

Cet ange balance un encensoir d'or.

Anges en bois doré provenant de la nef d'une église

Cet ange tient une église miniature.

Cet ange porte un reliquaire.

MITRE D'ÉVÊQUE
Selon la hiérarchie catholique, les évêques exercent leur autorité sur tout le clergé à l'intérieur d'un territoire appelé diocèse. La plupart des évêques du Moyen Age sont issus de familles nobles et se mêlent bien plus de politique que de questions purement religieuses. Si certains sont érudits et pieux, d'autres ne croient en rien, comme l'affirmait cet évêque italien, reconnaissant avoir accepté la charge « pour la richesse et les honneurs ».

La broderie représente le Christ couronnant la Vierge.

Mitre d'évêque du XIVe siècle

VICAIRE DU CHRIST
Réputé infaillible et représentant Dieu sur terre, le pape est à la tête de l'Eglise catholique. Cet anneau en or massif appartenait au pape Eugène IV, qui régna de 1431 à 1447.

LA CONSTRUCTION DES CATHÉDRALES

Dans chaque ville, dans chaque village, la première construction de pierre avec le château est l'église, car la maison de Dieu doit être solide. Avec ses fenêtres étroites et ses murs très larges portant une voûte de pierre, la plupart des églises de style roman construites au XIe siècle étaient sombres. À partir du XIIe siècle, elles se révèlent trop exiguës pour contenir la population urbaine en pleine expansion et pour accueillir le nombre croissant des pèlerins. Les reconstructions commencent. Dès 1140, l'abbé de Saint-Denis, près de Paris, lance une nouvelle architecture que l'on nommera plus tard gothique. Le poids des voûtes ne repose plus sur les murs mais sur les piliers et sur les arcs-boutants extérieurs : le mur ainsi allégé peut s'ouvrir et les nefs ressemblent bientôt à des vaisseaux de lumière.

LE GRAND ÉLAN
Entre 1140 et 1350, 80 cathédrales furent élevées en France. Celle de Reims, commencée en 1211, marque l'apogée du style gothique.

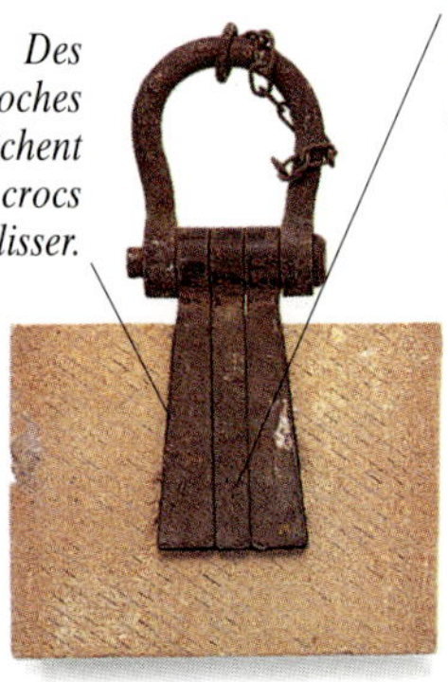

ATTENTION À LA LOUVE
Les maçons du Moyen Age utilisaient pour monter les lourdes charges un système de levage appelé louve. Les crocs de celle-ci se refermaient sur la pierre et s'y trouvaient maintenus dans des encoches prévues à cet effet. Ensuite la pierre était hissée au moyen d'une poulie. Ce système permettait de lever des poids pouvant atteindre une tonne.

LA CAGE DE L'ÉCUREUIL
A mesure que les murs s'élevaient, les hommes devaient monter les pierres et le mortier de plus en plus haut. La rotation d'une roue de bois appelée « cage à écureuil », entraînée par un seul homme marchant à l'intérieur, décuplait la force nécessaire pour hisser ces matériaux. Un dispositif de poulies et de potences venait compléter ce système ingénieux.

INDÉMODABLE
La forme des outils a peu évolué entre le Moyen Age et le début du XXe siècle. Cette louve moderne n'aurait pas déparé le chantier d'une cathédrale.

DRESSÉES VERS LE CIEL
Les cathédrales ont souvent été comparées à des squelettes de pierre ; les nervures de la voûte, ou ogives, dessineraient la cage thoracique. Prenant appui sur les piliers, eux-mêmes raidis par les arcs-boutants, ces ogives se rejoignent à la clé de voûte. Elles portent à leur tour les quartiers de la voûte, ou voûtains. Cette technique, nouvelle au XIIe siècle, explique l'élancement des cathédrales vers le ciel. Elle va de pair avec une meilleure connaissance de la géométrie et des lois physiques. La nef de Saint-Pierre de Beauvais mesure 48 m de hauteur, mais, trop audacieuse, elle s'écroulera en 1284.

VERS LA LUMIÈRE
Pour les chrétiens du Moyen Age, la lumière émane de Dieu et sa beauté tire l'homme vers le Bien. La recherche de la lumière est l'une des bases de l'architecture gothique. Cette large fenêtre aux fines colonnes, de style « perpendiculaire » anglais, exprime ce souci d'ouvrir les murs.

DES AILES DE PIERRE
Les arcs-boutants forment une pièce maîtresse dans la structure de la cathédrale gothique. Sans eux, le poids de la voûte écraserait les piliers qui fléchiraient vers l'extérieur. Le rôle des arcs-boutants est donc de contrebuter l'ensemble. Pour ce faire, ils sont composés de deux parties : un bras oblique qui appuie sur le mur à l'endroit le plus fragile et un arbre vertical, la culée, qui transmet le poids de la voûte jusqu'au sol.

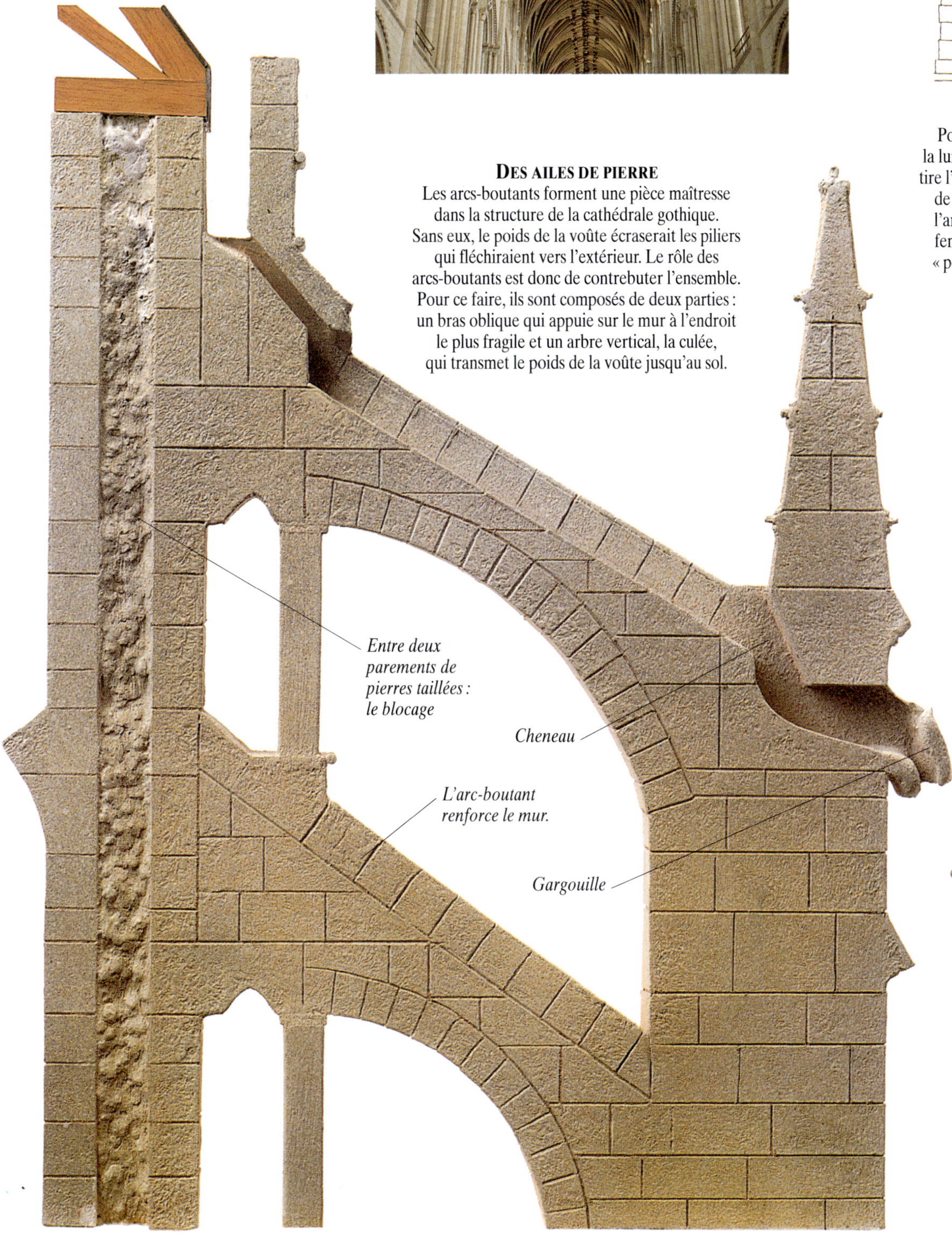

ÉVOLUTION
Cette fenêtre gothique à deux lancettes date du XIIIe siècle ; elle est encore de dimensions modestes mais s'agrandira aux siècles suivants.

VISAGES GRIMAÇANTS
L'eau de pluie coulant des toits était recueillie dans des chenaux et déversée à l'extérieur au moyen de conduites cachées dans les gargouilles. Ces monstres de pierre qui crachaient l'eau par la bouche témoignent de l'imagination des sculpteurs médiévaux.

LE VITRAIL, ART DE LA LUMIÈRE

Pour la grande majorité des croyants du Moyen Âge ne sachant ni lire ni écrire, l'église ou la cathédrale ne sont pas seulement des endroits où l'on prie ; ce sont des lieux de beauté et de lumière, des livres d'images, des galeries d'art dirions-nous aujourd'hui, tellement plus somptueuses que les modestes logis alentour. Les portails des cathédrales étaient couverts de statues peintes et de sculptures qui servaient aussi à l'enseignement du message chrétien. À l'intérieur, des peintures murales évoquaient la vie des saints et celle du Christ. Quant aux vitraux des cathédrales gothiques, ils inondaient de lumière colorée la nef et les piliers, créant une atmosphère propice à la prière.

IMAGES ORIENTALES
Les échanges culturels et artistiques entre l'Orient et l'Occident existaient dès le haut Moyen Age. Certains traits de l'art roman trouvent leurs racines dans l'art de Byzance (aujourd'hui Istanbul). Cette représentation du Christ en majesté, solennelle et dorée, porte le nom d'icône ; elle était vénérée comme un objet saint.

Pinceau en soies de porc

Blaireau pour étaler la peinture en grandes plages

Pinceau fin pour tracer les lignes

Spatule en bois pour rabattre les ailes des plombs

Grugeoir moderne pour corriger la pièce découpée. Les artistes du Moyen Age utilisaient parfois du silex.

Outils de verriers modernes

UNE LENTE ÉLABORATION
Le verre était fabriqué dans des ateliers situés près des forêts et des rivières et coloré dans la masse au moment de sa fabrication. Le maître verrier devait découper les plaques de verre puis les assembler. Avec une peinture brune ou noire nommée grisaille, il traçait les traits des personnages pour donner vie au vitrail.

Modèle du vitrail, ou « carton »

Plomb

Point de soudure à l'étain

PUZZLE
Une fois peints et recuits, les morceaux de verre sont assemblés à l'aide de baguettes de plomb dont les côtés en forme de U (ou ailes) permettent de bien ajuster l'extrémité du verre. Les plombs sont cloués puis soudés les uns aux autres et les interstices sont colmatés avec du mastic. Les panneaux ainsi formés sont encastrés dans le fenestrage de pierre (p. 53) des verrières gothiques et solidement fixés au moyen de barres de fer appelées barlotières. Une fois posé, ce puzzle fragile nécessite peu d'entretien : les plombs se changent tous les cent ans !

Un diable est prêt à sauter sur les trois bavardes.

Les scènes sont encadrées par une bordure blanche sans motif qui sera sacrifiée lors de la dépose du vitrail pour changer les plombs.

Les traits de contour sont visibles sur cette pièce.

COMME UNE BANDE DESSINÉE

Hormis les grandes figures de saints ou d'évêques qui occupent souvent les verrières des parties hautes, les petites scènes racontent des épisodes de la Bible ou donnent des leçons de morale. Ici : les commérages de trois femmes sous le regard du diable. Morale : « Ne dis pas de mal de ton voisin ! »

L'ART DE LA TAILLE

La scène et les personnages représentés sur le vitrail étaient d'abord dessinés sur une table à la craie ou sur une couche de plâtre. Le maître verrier posait le verre sur ce modèle, le « carton », puis découpait la forme désirée avec une pointe de fer rougie. Les bords tranchants étaient limés avec de la poudre de verre. La peinture, ou grisaille, s'étalait en plusieurs couches plus ou moins épaisses selon le relief que l'on voulait créer. Ensuite, elle était cuite à basse température pour bien adhérer au verre.

Bordure couverte par les plombs

Le verre se glisse entre les ailes des baguettes de plomb.

Des clous fixent ensemble le verre et les plombs.

Le plomb, métal très souple, s'adapte à la forme des pièces.

Charlemagne était au Moyen Age une image mythique de roi très chrétien.

LE BLEU DE CHARTRES

Les verriers obtiennent les couleurs du verre au moment de sa cuisson en ajoutant à la pâte des oxydes tirés de certains minerais. Le manganèse donne des bruns et des pourpres, le cuivre donne le rouge vif, le bleu vient du cobalt qui produit des couleurs intenses comme le fameux bleu profond utilisé par les verriers de la cathédrale de Chartres au début du XIIIe siècle.

Un retable prenait place au-dessus d'un autel.

POUR TOUT L'OR DU MONDE

Les retables, accrochés au-dessus des autels, retraçaient des scènes de l'Evangile. Celui-ci, peint en 1333 par Simone Martini et Lippo Memmi pour la cathédrale de Sienne, illustre l'Annonciation : l'archange Gabriel, agenouillé devant la Vierge Marie, lui annonce qu'elle va être la mère de Jésus. Le style est plus souple et naturel que sur l'icône byzantine bien que les personnages se détachent sur le même fond d'or, symbole par excellence de la splendeur divine.

LES MOINES, CES FRÈRES DE TOUS ORDRES

Moine celte du XIIe siècle

« Nous devons fonder des écoles au service de Dieu », écrivait saint Benoît de Nursie (480-547), qui fonda au Mont-Cassin, en Italie, un monastère où les moines vivaient, priaient et travaillaient ensemble. S'appuyant sur cet exemple de vie communautaire, il créa une règle monastique, la règle bénédictine (de Benoît), qui se répandit en Europe à partir du VIIe siècle. Cette règle était basée sur trois principes simples : la pauvreté individuelle, la chasteté, et l'obéissance aux autorités religieuses. Après un an passé au monastère, les novices s'engageaient à respecter ces principes en prononçant leurs vœux et recevaient une couronne symbolique sous la forme de la tonsure (un cercle de cheveux rasés sur la tête). Ils devenaient alors frères de l'ordre bénédictin dont l'abbaye la plus célèbre fut celle de Cluny fondée en 910.

BOUILLON DE CULTURE
Lorsque l'Empire romain s'écroule, au Ve siècle, la culture gréco-latine disparaît en même temps. Seuls, les moines savent encore lire le grec et le latin et leurs bibliothèques contiennent des livres rares. Le moine anglais Bède le Vénérable (673-735) est l'un de ces érudits qui ont transmis à l'Occident l'héritage de l'Antiquité classique.

UNE BONNE GIFLE
Une des activités des moines consistait à recopier les livres à la main. Ils gravaient les psaumes et les prières sur des tablettes de cire à l'aide d'un poinçon, ou « style ». D'après saint Bernard de Clairvaux (1090-1153), ce travail était une manière de servir Dieu. « Chaque fois que vous écrivez un mot, vous giflez le diable », disait-il.

À APPRENDRE PAR CŒUR
La règle bénédictine permettait un certain confort, mais de manière très réglementée. Par exemple, les moines ne disposaient pas de bougies pendant les offices religieux ; ils devaient donc savoir par cœur les psaumes et les prières qu'ils récitaient.

ORDRE ET DÉSORDRE
Dès le Xe siècle, bien des établissements religieux n'obéissaient plus aux principes de pauvreté et de chasteté imposés par la Règle. On voit ci-dessous un moine mis au carcan pour avoir eu une liaison avec une femme. C'est l'abbaye de Cluny, fondée en 910, qui se chargea de restaurer la règle bénédictine à travers la France et une partie de l'Europe. À la fin du XIe siècle, apparaissent d'autres ordres religieux, plus stricts : l'ordre de la Grande-Chartreuse, basé sur la solitude et le silence, et celui des Cisterciens, sous l'égide de Bernard de Clairvaux.

MENDIANTS DES VILLES
Saint François d'Assise était le fils d'un riche marchand italien. Il donna tous ses biens pour vivre selon les principes du Christ et fonda un nouvel ordre, les Franciscains. Au lieu de vivre dans des monastères fermés au monde, les Franciscains étaient des prêcheurs qui allaient de ville en ville et vivaient de dons ; c'est pourquoi on les appelait aussi les Frères mendiants. Un ordre de femmes équivalent, les Clarisses, fut fondé par sainte Claire.

Ceinture de corde

Pieds nus

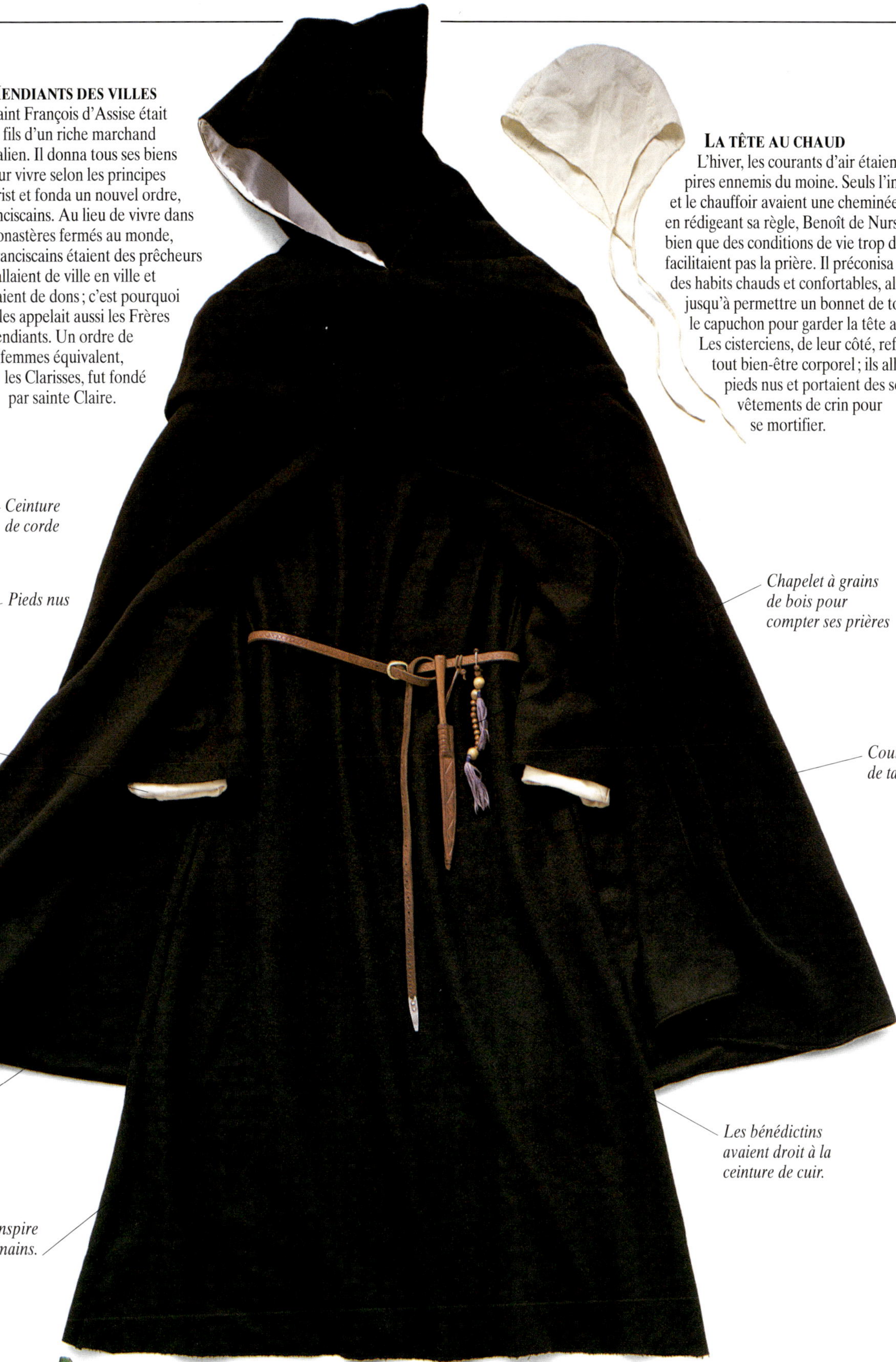

Chemise de lin portée sous l'habit

Epaisse cape de laine pour l'hiver

La longue robe s'inspire des vêtements romains.

Chapelet à grains de bois pour compter ses prières

Couteau de table

Les bénédictins avaient droit à la ceinture de cuir.

LA TÊTE AU CHAUD
L'hiver, les courants d'air étaient les pires ennemis du moine. Seuls l'infirmerie et le chauffoir avaient une cheminée. Mais en rédigeant sa règle, Benoît de Nursie savait bien que des conditions de vie trop dures ne facilitaient pas la prière. Il préconisa donc des habits chauds et confortables, allant jusqu'à permettre un bonnet de toile sous le capuchon pour garder la tête au chaud. Les cisterciens, de leur côté, refusaient tout bien-être corporel ; ils allaient pieds nus et portaient des sous-vêtements de crin pour se mortifier.

Simples chaussures de cuir, cousues main. La règle bénédictine n'imposait pas la sandale.

LES FRÈRES NOIRS
C'est ainsi que sont nommés les moines bénédictins en raison de la couleur de leur habit. Chaque ordre nouveau fondé entre le XIe et le XIIe siècle adopte un costume qui le distingue des autres. Les Cisterciens, par exemple, sont vêtus de longues robes de laine écrue, non teinte, et portent le nom de Frères blancs. L'essentiel de ces costumes n'a pas varié depuis le Moyen Age.

LA VIE CALME DES MONASTÈRES

Au milieu des tourments qui secouent le Moyen Âge, le monastère apparaît comme une citadelle de prière et de sérénité. Il se tient à l'écart du monde, gouverné par un abbé ou une abbesse, et échappe au contrôle de la société. Un novice qui entre dans la communauté monastique s'engage pour la vie. Derrière les murs du monastère, le temps de chacun est organisé autour du service de Dieu. Huit fois par jour, toutes les trois heures, les moines se rendent aux offices religieux. Le reste de la journée est consacré à la lecture, à la prière, à l'enseignement des novices et à différentes tâches matérielles comme le jardinage, la cuisine ou l'intendance. Le scriptorium, l'atelier où l'on crée les manuscrits enluminés, requiert également beaucoup de temps et de patience. Le monastère a aussi pour mission de secourir les pauvres et d'accueillir dans son hostellerie les voyageurs, qu'ils soient marchands ou pèlerins.

LA RONDE DES LITANIES
Les moines se rendent huit fois par jour à l'église du monastère pour y louer Dieu. Dès 2 heures du matin, les matines les tirent du sommeil. Le dortoir est situé non loin de l'église, afin d'épargner un long trajet en pleine nuit. Au XIe siècle, les moines de l'abbaye de Cantorbéry (Angleterre) devaient chanter 55 psaumes sans pouvoir s'asseoir mais bien des bénédictins disposaient de bancs.

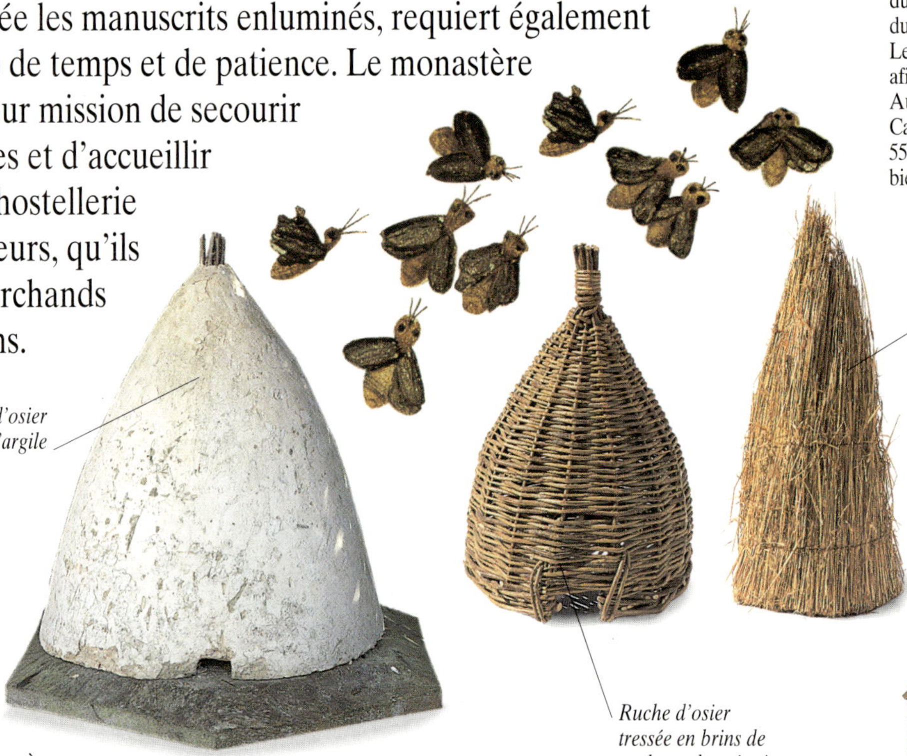

Ruche d'osier recouverte d'argile

Ruche d'osier tressée en brins de saule ou de noisetier

Fourreau de paille coiffant la ruche en hiver pour la protéger du froid

DES FERMES MODÈLES
Les cisterciens pensaient que les travaux manuels étaient le meilleur chemin vers la Vie éternelle. Installés dans des régions arides ou marécageuses, leurs monastères devinrent vite des modèles d'exploitations agricoles grâce au travail acharné des frères convers (moines destinés aux tâches agricoles et domestiques). Parmi les productions des abbayes, les ruches permettaient de récolter du miel et de la cire.

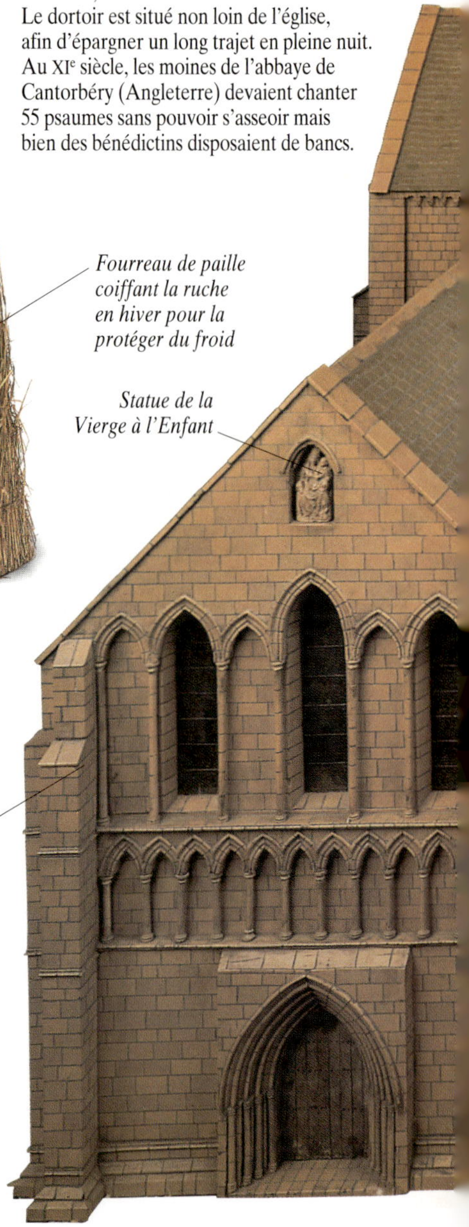

Statue de la Vierge à l'Enfant

Eglise abbatiale

Maquette d'une abbaye au XVe siècle

PETITES SŒURS DES PAUVRES
Les moniales prononçaient les mêmes vœux que les moines (p. 36) et vivaient de la même façon. Dévouées aux pauvres et aux malades, elles étaient souvent responsables d'un hôpital attenant au monastère. Cet hôpital étant ouvert à tous, chacun devait y être accueilli comme « s'il était le Christ en personne » mais il était plus un hospice pour les mendiants qu'un véritable lieu de soins, car bien des maladies étaient incurables à cette époque. Néanmoins, les patients y trouvaient un lit et de la nourriture, ce qui était déjà beaucoup !

UNE ARCHITECTURE FONCTIONNELLE
La disposition des bâtiments conventuels obéit à un plan précis établi dès le haut Moyen Age, hormis pour les chartreux, qui vivaient en cellules individuelles. Ce plan de la cathédrale et de l'abbaye de Cantorbéry montre à quel point l'architecture monastique est adaptée aux besoins de la communauté. Le bâtiment principal est l'église, la plus grande et la plus belle possible. Au sud, vers le soleil, est disposé le cloître, une allée couverte fermant les 4 côtés d'un jardin carré. C'est un lieu de vie pour les moines qui viennent s'y promener, s'y reposer ou lire. Dans l'une des galeries s'ouvre une salle de réunion, la salle du chapitre où la communauté se rassemble pour prendre les grandes décisions. Le réfectoire, le dortoir, le chauffoir sont aussi des espaces communautaires.

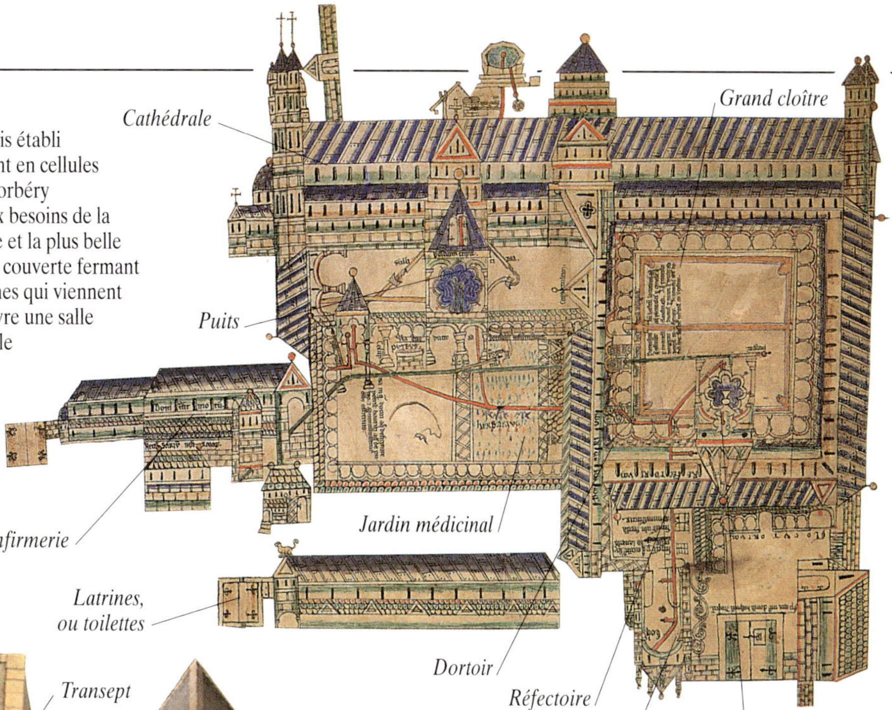

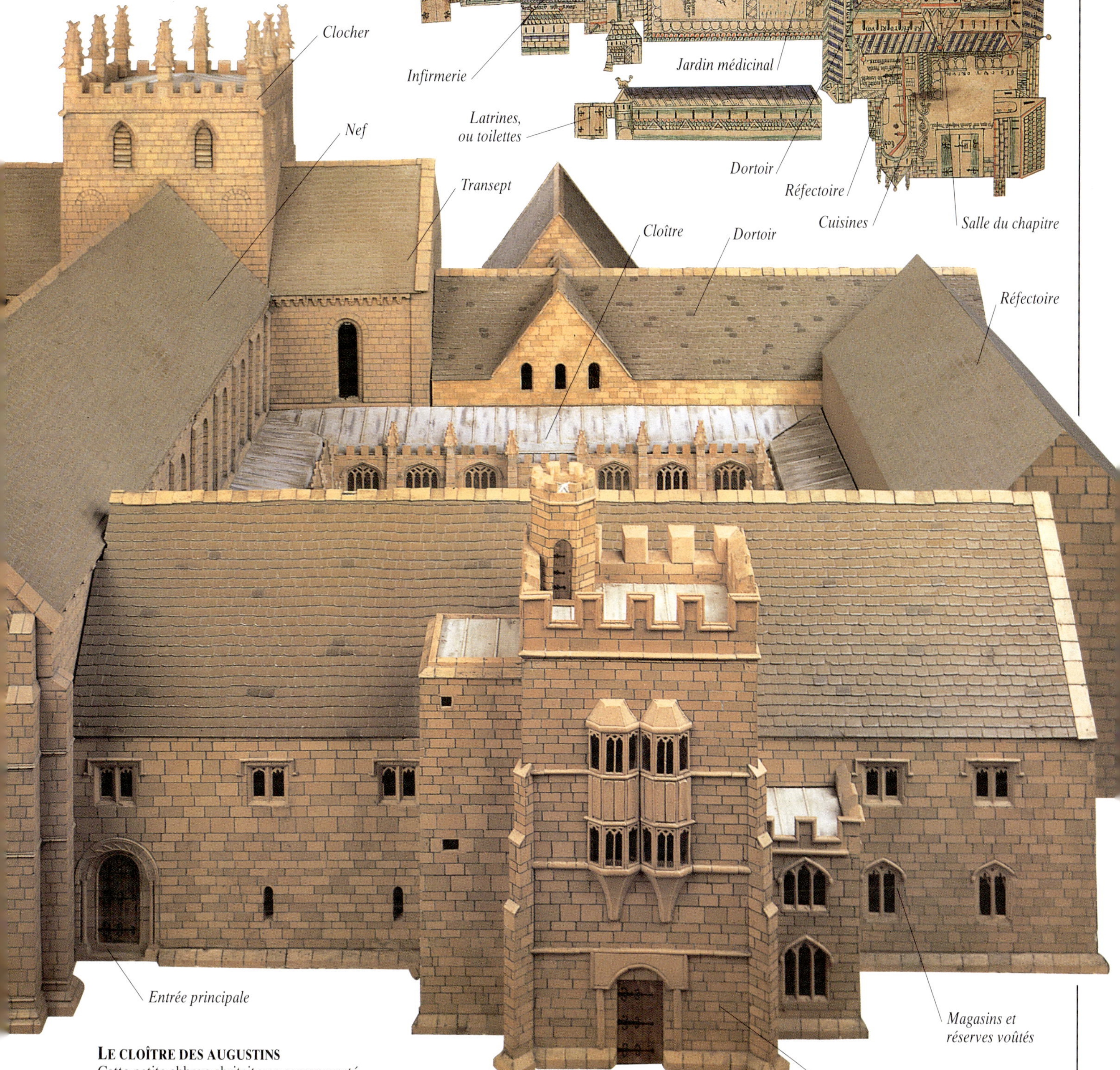

LE CLOÎTRE DES AUGUSTINS
Cette petite abbaye abritait une communauté d'augustins, ordre urbain fondé au XIIe siècle qui permettait à ses membres d'avoir des fonctions dans les églises paroissiales ou dans la cathédrale.

L'ÉCRITURE, GARDIENNE DE TOUTES LES MÉMOIRES

Jusqu'au XIIe siècle, les livres sont rares et fort coûteux. Ce sont les moines qui dans les *scriptoria* des abbayes, passent des milliers d'heures à recopier les écrits anciens, à rédiger de nouveaux textes et à les illustrer. Car seuls les gens d'Église savent lire et écrire. Cherchant à montrer la splendeur de Dieu, les moines ajoutent au texte des pages éclatantes de couleurs, des feuilles d'or et des lettrines au décor savant. Vers 1200, lorsque s'ouvrent les universités, les livres deviennent aussi l'affaire de copistes laïcs qui travaillent dans des ateliers urbains. À cette époque, les nobles et les princes commandent des livres de prières, ou « livres d'heures », richement décorés par des peintres réputés et la lecture devient l'un des passe-temps de l'aristocratie. Quelques livres, comme la Bible, apparaissent aussi dans les maisons bourgeoises.

1 AU PIED DE LA LETTRE
Les lettrines, ces lettres majuscules qui marquent le début des chapitres, font l'objet d'un décor exubérant et s'étirent parfois sur toute la hauteur de la page. Les couleurs les plus chatoyantes s'y mêlent, souvent rehaussées d'or. La première étape dans la réalisation de ce décor est l'application d'un enduit à base de gypse, de sucre et de blanc d'œuf qui fera adhérer la feuille d'or au dessin.

La feuille d'or adhère au dessin couvert de colle.

2 TEMPS DE POSE
La colle doit sécher toute une nuit. Le lendemain, l'enlumineur l'humecte à nouveau afin qu'elle soit humide puis il pose une feuille d'or et la presse fermement sur la couche de colle. Il en détache ensuite les fragments à l'aide d'une brosse douce.

L'épaisseur de l'enduit donne une impression de relief aux rinceaux d'or.

Chaque petite feuille est polie séparément.

3 D'UN COUP DE DENT
Une fois que la feuille d'or est posée sur la colle, l'enlumineur la polit afin qu'elle brille. Il utilise pour cela une dent de chien ou de loup fixée sur un manche en bois. Ensuite, il peint les bordures de sa lettrine en utilisant des pigments naturels pour les couleurs.

VOYAGE CULTUREL
Quel que fût le rendement des moines et des copistes, les livres, écrits à la main, demeuraient une rareté. Hormis la Bible que certains possédaient chez eux, les étudiants devaient voyager de monastère en monastère afin d'étudier des textes moins connus. Ici, un étudiant de l'école de la cathédrale de Chartres.

Rinceaux de style gothique

4 GARANTIE PLUSIEURS SIÈCLES
La lettrine achevée est une œuvre d'art miniature. Le décor floral qu'elle renferme peut être peuplé d'animaux fantastiques, de silhouettes humaines ou d'entrelacs selon le pays et l'époque où le manuscrit est réalisé.

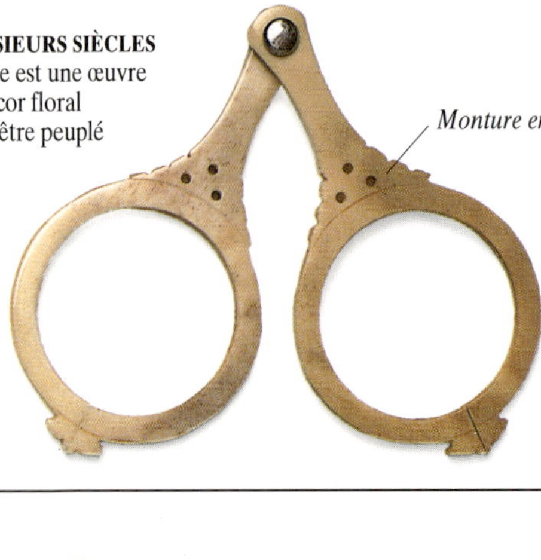

Monture en os

BESICLES
Penchés pendant des heures sur leur écritoire, les copistes s'abîmaient les yeux. Les premières lunettes apparaissent au XIIIe siècle et se répandent rapidement lorsque la lecture se vulgarise après l'invention de l'imprimerie, en 1450.

PETITS ÉCOLIERS
A la suite des écoles de monastères, qui existent depuis le haut Moyen Age, on voit se développer des écoles autour de la cathédrale, liées à l'expansion des villes et de la bourgeoisie. Les enfants (surtout des garçons destinés à la carrière religieuse ou au commerce) y reçoivent un enseignement rudimentaire : écrire, compter, lire le latin dans les textes de la Bible et apprendre des psaumes par cœur. Le règlement était sans doute sévère et les maîtres usaient parfois du fouet, mais peut-on vraiment savoir si ces enfants étaient malheureux ?

Pater Noster, *la plus courante des prières catholiques*

La tablette peut s'accrocher à la ceinture de l'écolier.

PREMIÈRE LECTURE
Les enfants apprenaient à lire avec des manuels comme celui-ci, datant de 1450 environ. Le texte y est recouvert d'une fine couche de corne qui protège les lettres du frottement des doigts.

La plume est débarrassée de ses barbes pour ne pas gêner les doigts.

Pointe pour tracer les contours

Style

Plumes d'oie

Ces encriers se glissent dans un trou prévu sur l'écritoire.

Encriers de corne

Choix de plumes

Cruche de bière ou de vin

Ecritoire

Chaise à dossier droit, en bois de frêne

Pot à boire

Livres modèles

Le plateau de la table peut se rabattre.

L'ART D'ÉCRIRE
La rédaction des manuscrits latins exigeait une réelle concentration et le scribe restait plusieurs heures devant son ouvrage, utilisant plusieurs types de calligraphie. Il posait le parchemin sur une écritoire dont l'inclinaison permettait un angle adéquat de la plume d'oie. Dans la main gauche, il tenait un canif qui servait à gratter les fautes ou à retailler la plume, jusqu'à 60 fois par jour !

Coussin pour augmenter le confort du siège

La table pliante, tabula plicata *en latin, se range contre le mur.*

Moulure décorative sur les parties visibles

Pieds de chaise décorés de lignes rouge vermillon

Sur les routes des pèlerinages

Le pèlerinage est un moment fort dans la vie d'un chrétien du Moyen Âge. Des raisons multiples le poussent à entreprendre ce long voyage : prouver sa dévotion à Dieu, demander la rémission de ses péchés, obtenir sa guérison ou celle d'un proche, remercier pour un bonheur obtenu… La Ville sainte de Jérusalem est la destination la plus recherchée, tout comme Rome, la capitale de la chrétienté, mais la basilique de l'apôtre Jacques à Compostelle (Espagne) attire aussi des milliers de pèlerins. Sur les routes, riches et pauvres voyagent en groupes, chantent des hymnes et échangent des histoires le soir dans les tavernes. Pour beaucoup d'entre eux, le pèlerinage est un moyen de voir du pays, de rencontrer de nouveaux visages : des vacances en quelque sorte !

Sur la route
La plupart des pèlerins vont à pied. Vêtus de la longue robe, coiffés du chapeau de feutre à larges bords, ils ont sur l'épaule une besace et en main un bâton de marche.

L'avers du médaillon présente une croix entourée de perles et recouverte de cristal de roche.

Envers du reliquaire, contenant un fragment d'os serti d'or pour indiquer sa grande valeur

Trafic de reliques
Les reliques n'étaient pas seulement gardées dans les sanctuaires. Certains les emportaient avec eux dans un pendentif ou dans des écrins précieux, comme celle-ci. Les chevaliers en plaçaient quelques

Insigne d'étain de saint Thomas Becket

Petit flacon, ou ampoule, pour transporter l'eau bénite

Coquille Saint-Jacques, emblème de saint Jacques de Compostelle

Souvenirs
Comme les touristes d'aujourd'hui, les pèlerins d'antan ramenaient des badges ou des insignes attestant leur passage dans tel ou tel sanctuaire. Ils accrochaient cet insigne à leur chapeau pour indiquer leur condition de pèlerin ; la coquille Saint-Jacques, emblème de Compostelle, était le plus répandu.

Représentation du Christ

Le corps de Becket est enveloppé d'un linceul.

Becket est porté au ciel par des anges.

L'un des chevaliers du roi décapite Becket.

Meurtre dans la cathédrale
Ce reliquaire émaillé du XIIe siècle illustre le meurtre de Thomas Becket dans la cathédrale de Cantorbéry, sur ordre du roi Henri II. L'archevêque-martyr fut aussitôt canonisé et sa tombe devint un important lieu de pèlerinage.

Le poète des pèlerins
Le poète anglais Geoffrey Chaucer (vers 1340-1400) nous a laissé une image savoureuse de la société médiévale et des pèlerinages. A travers un long poème en vers intitulé « Les Contes de Cantorbéry », il met en scène un groupe de trente pèlerins parmi lesquels un chevalier, un meunier, un moine, une prieure et un cuisinier échangent leurs impressions et leurs expériences.

TÊTE DURE
Cette tête de bois est le véritable reliquaire de saint Eustache et se glisse à l'intérieur de la statue dorée.

AU PÉRIL DES ROUTES
Les brigands étaient un danger constant pour les voyageurs et n'épargnaient pas les pèlerins, qui préféraient voyager en groupe pour plus de sûreté. Les routes très fréquentées de saint Jacques de Compostelle furent bientôt équipées de ponts et d'auberges. Les abbayes s'y multiplièrent de sorte que les pèlerins trouvaient un gîte après chaque journée de marche.

ODEUR DE SAINTETÉ
Les reliquaires sont des boîtes richement décorées contenant quelques os d'un saint, un morceau de la croix du Christ ou un fragment du voile de la Vierge Marie. Le plus souvent disposées dans la crypte, sous le chœur de l'église, les reliques étaient présentées à la dévotion des pèlerins qui croyaient fermement en leur pouvoir miraculeux. Ils accompagnaient leurs prières d'une offrande en argent, ce qui explique la richesse des églises de pèlerinage. Ici : le reliquaire de saint Eustache, XIIIe siècle, dans la cathédrale de Bâle (Suisse).

Savant et raffiné, le monde islamique

Mahomet le Prophète et fondateur de l'islam meurt en 632. Pendant le siècle suivant, la civilisation musulmane se développe et les armées arabes se lancent à la conquête d'un vaste empire qui s'étend bientôt de l'Espagne à la Perse et à l'Inde. À l'intérieur du monde islamique, le commerce international se développe, favorisant la circulation des biens autant que celle des idées et du savoir. Les savants musulmans, héritiers de la science grecque, sont bien en avance sur leurs contemporains occidentaux. Remarquables médecins et astronomes, ils sont aussi excellents mathématiciens, inventent l'algèbre (de l'arabe « al-jebr » : réduction) et transmettent à l'Europe leur système de chiffres, encore utilisé aujourd'hui. Malgré les crises, les croisades et la méfiance des chrétiens du Moyen Âge vis-à-vis des musulmans, qu'ils nomment infidèles, le commerce et les échanges perdurent entre ces deux mondes.

Soif de butin
Les riches cités islamiques furent des proies très convoitées pour les chevaliers des croisades qui ne voulaient pas rentrer au pays les mains vides (p. 28). En 1099, ils reconquirent la cité de Jérusalem, massacrant les habitants et s'emparant de toutes leurs richesses.

Au pays des merveilles
Le luth est l'instrument qui symbolise le mieux la musique médiévale. Son nom vient de l'arabe « al-ud » et les cours de l'époque, qui s'en délectèrent, le doivent au monde musulman. Bien des souverains arabes, ou califes, étaient de grands mécènes, s'entourant d'artistes, de poètes et de musiciens. En arrivant en Terre sainte, les croisés furent éblouis par tant de magnificence.

Grâce au ciel
La réputation des Arabes en matière d'astronomie n'est plus à faire. Ce sont eux qui inventèrent l'astrolabe, un instrument permettant de calculer la latitude en mesurant la hauteur du soleil au-dessus de l'horizon. Les caravaniers l'utilisèrent dans le désert avant de le transmettre aux Occidentaux qui l'embarquèrent sur leurs navires.

Trains de luxe
Les caravanes de chameaux portaient de précieux fardeaux à travers les montagnes et les déserts. Dans les souks de Bagdad et de Damas s'échangeaient une foule d'objets précieux : tapis persans, soieries et épices indiennes, or et ivoire venus d'Afrique, pierres précieuses et fourrures…

Héros de la guerre sainte
Saladin (1138-1193) fut l'un des plus grands sultans de l'histoire arabe. Il reprit Jérusalem aux croisés et leur infligea bien des défaites. Il était respecté par ses ennemis qui le considéraient comme un homme sage.

Des hommes de science
Même pendant les croisades, les Européens apprirent beaucoup des médecins arabes, dont le savoir était de loin supérieur au leur. Tous les médicaments, potions et onguents étaient préparés par l'apothicaire tel que nous le voyons ci-contre. Le grand médecin iranien Avicenne (980-1037) rédigea une encyclopédie médicale qui resta pendant des siècles la base de la médecine européenne.

Lumineuse calligraphie
Les Arabes sont également célèbres pour leur art du décor, dans le domaine des émaux et de la céramique tout particulièrement. Cette lampe, destinée à éclairer une mosquée, est ornée de motifs géométriques et de lettres arabes. La religion interdit en effet de représenter l'humain et les autres êtres vivants dans les lieux de culte.

LE COMMERCE ET L'ARGENT

Au début du Moyen Âge, les routes étant peu sûres et les moyens de transport rudimentaires, villes et villages vivent en autarcie. Cependant, un renouveau ne tarde pas à se faire sentir, lié aux progrès des rendements agricoles qui permettent de dégager des bénéfices et entraînent une plus grande circulation de l'argent. Dès le XIIe siècle, les réseaux commerciaux, maritimes et fluviaux s'intensifient. Des routes terrestres traversent les cols alpins, plus tard les navires de Gênes et de Venise, chargés de produits orientaux, s'aventurent sur l'océan Atlantique pour atteindre les ports florissants d'Europe du Nord. Ils repartent chargés de laine, de fourrures et de bois. À leur tour, les navires allemands et hollandais livrent des métaux et du blé aux pays méditerranéens en échange de vin, d'huile et de sel.

La plume était ébarbée avant emploi.

La moitié d'une taille

BIEN TAILLÉE
Une dette pouvait s'inscrire sur une latte de bois appelé taille. Le nombre des encoches indiquait le montant de la somme due. On fendait la taille en deux dans le sens de la longueur ; le débiteur et le créancier en gardaient chacun une moitié. Quand la dette était payée, on détruisait la taille.

L'HEURE DU BILAN
Les marchands devaient tenir des livres de comptes rigoureux où apparaissait l'état de leurs finances. Au XIVe siècle, les marchands de Florence inventèrent un livre de comptabilité à double entrée. Chaque opération y figurait en deux colonnes, une pour le débit, l'autre pour le crédit, et les totaux de chaque colonne devaient s'équilibrer.

Encrier de corne et plume

CHANDELLE DE CIRE
Ce chandelier servait à faire fondre la cire pour sceller les lettres et les documents.

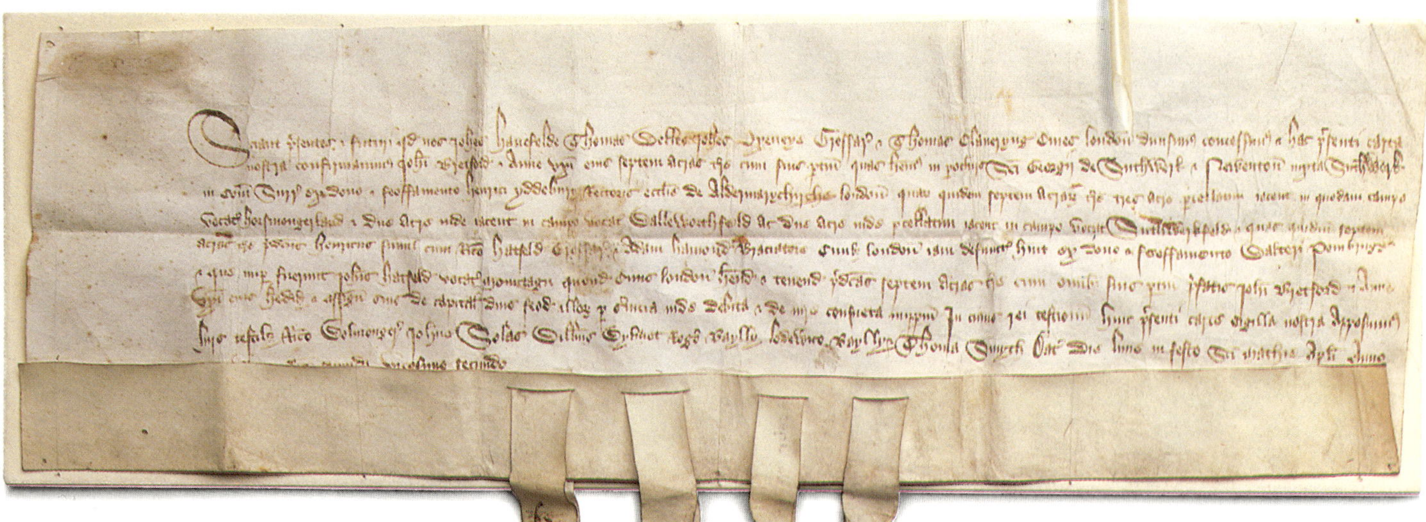

GARDEZ LA MONNAIE
Les marchands conservaient leur monnaie dans de petites boîtes telles que celle-ci. La plupart des pièces étaient en argent mais en 1252, Florence frappa le florin, la première monnaie d'or depuis l'époque romaine.

Sceaux du XIVe siècle

SIGNÉ ET CACHETÉ
À mesure que le commerce se développait, la paperasserie s'accroissait. Bientôt, les marchands durent employer des secrétaires pour les aider à rédiger le courrier. Toutes les écritures, telles que les lettres de change, les contrats, les demandes de paiement, devaient porter la signature et le sceau du marchand concerné. Les lettres de change remplaçaient avantageusement la monnaie de métal et circulaient à moindre risque.

Fermoir de bourse de la fin du Moyen Age

Bourse et deniers d'argent

L'ANCÊTRE DE LA CALCULETTE
Au Moyen Age, le papier comme le parchemin sont des denrées coûteuses, et bien rares sont ceux qui en utilisent pour leurs comptes. Les commerçants inventent donc un système de calcul sur un tableau de bois divisé en colonnes. Des jetons sont alignés dans une colonne jusqu'au nombre 10 puis déplacés dans la colonne suivante qui est celle des dizaines et ainsi de suite.

LA LIGUE HANSÉATIQUE
Dès le XIIIe siècle, les ports d'Allemagne du Nord et des Pays-Bas s'unirent pour former la Ligue hanséatique, une association de marchands défendant les mêmes intérêts. Lutter contre les pirates, obtenir un monopole en contrôlant le commerce étranger, tels étaient les points forts de cette ligue qui devint très puissante. En 1400, elle ne comptait pas moins de 160 villes.

LA PESÉE
Les changeurs de l'époque portaient sur eux de petites balances, ou trébuchets, pour déterminer la valeur de chaque monnaie qui valait son poids d'argent.

Trébuchet

Clés de coffres-forts datant du XIVe siècle

DES BANQUIERS BIEN ASSIS
Banquier vient du mot « banc » car les changeurs italiens travaillaient à l'extérieur, assis sur un banc. Grâce à la commission qu'ils retenaient, ils ne tardèrent pas à devenir riches et les villes italiennes furent dès le XIIIe siècle des places financières très prospères. Cependant le métier comportait des risques : ainsi deux banques florentines firent faillite en 1530, lorsque Edouard III (1327-1377), roi d'Angleterre, se révéla incapable de payer ses dettes.

Dans les villes médiévales

La plupart des villes en Europe sont de fondation antique, antérieure parfois à la conquête romaine. Mais c'est à partir du XIe siècle que les cités médiévales prennent leur essor, en même temps que le commerce et le développement de l'agriculture. Très vite, les bourgeois tentent d'échapper à la tutelle du roi ou du seigneur, demandent des franchises (libertés) pour la circulation des marchandises et fondent des communes libres. En même temps, la ville s'entoure de remparts, voit naître des associations de métiers et s'organise comme centre économique dominant la campagne alentour.

Veilleurs de nuit
A la tombée de la nuit sonne le couvre-feu. Chacun doit s'empresser de terminer son travail et de rentrer chez soi. Les rues médiévales n'étant pas éclairées, la ville est plongée dans une obscurité totale et il ne fait pas bon s'aventurer dehors même si les soldats du guet exécutent des rondes pour décourager brigands et pilleurs.

À la belle enseigne
La ville du Moyen Age est avant tout un foyer économique avec des marchés animés et des rues aux nombreuses échoppes. Comme la majeure partie de la population est illettrée, les artisans accrochent au-dessus de leur porte des enseignes symbolisant le métier qu'ils exercent : une botte pour le bottier, un pain pour le boulanger, etc. En général les artisans de même métier sont regroupés par rues et l'on trouve encore dans les villes d'aujourd'hui la rue des Tanneurs ou celle de la Poissonnerie.

Cité française du XVe siècle

Derrière ses murs
Les villes médiévales sont entourées d'une enceinte. Ces murs fortifiés l'isolent de la campagne et permettent de contrôler la circulation des biens et des gens. Aux portes de la ville, les marchands doivent s'acquitter d'un péage, ou octroi.

La commune
Cherchant à se débarrasser de l'autorité du seigneur ou de l'évêque, les villes préfèrent s'administrer elles-mêmes et désignent un conseil de bourgeois influents pour les gouverner et défendre leurs intérêts. Ils portent le nom d'échevins dans le Nord, de consuls dans le Sud et dirigent la cité sous la présidence d'un maire qu'ils ont élu. La ville ainsi gérée possède son sceau et ses propres lois.

Toujours plus haut
Les grandes familles bourgeoises se disputent les hautes fonctions au sein du Conseil de la ville. A San Gimignano, en Italie, chacune d'entre elles a bâti une tour pour affirmer sa puissance, malgré l'interdiction de dépasser la hauteur de l'hôtel de ville ! Ainsi, XIIe siècle, la ville se trouvait hérissée de 70 tours.

GARE À VOS PIEDS !
Les rues étaient certes boueuses et encombrées de détritus mais allait-on vraiment jusqu'à vider son pot de chambre par la fenêtre ? Bien souvent les déjections étaient recyclées comme engrais et l'urine était utilisée pour les tanneries et les teintureries.

Les étages étaient réservés au logement de l'artisan et de sa famille.

Un escalier situé à l'arrière mène à l'étage.

AU-DESSUS DE LA BOUTIQUE
La plupart des familles d'artisans habitent au-dessus de l'échoppe et des entrepôts, situés au rez-de-chaussée. L'atelier et la boutique forment en général une seule et même pièce. Les articles destinés à la vente sont disposés sur des étals en devanture ou accrochés aux murs. Le soir, on tire des volets de bois pour plus de sécurité. La partie basse de cette maison du XVe siècle est divisée en deux échoppes. Seule celle de droite possède un escalier qui donne accès aux étages ; on peut supposer que celle de gauche était louée à un commerçant extérieur.

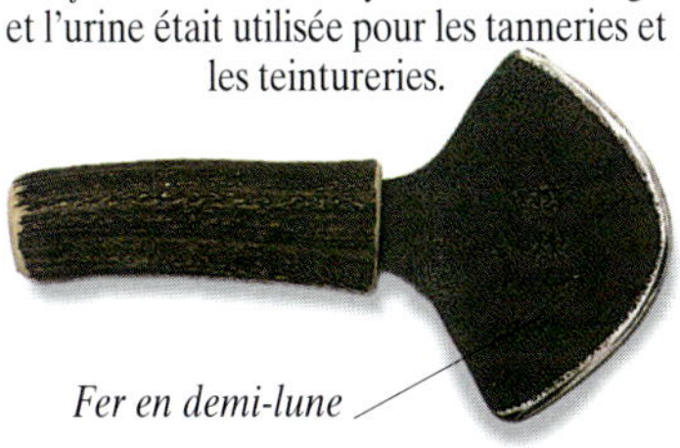

Fer en demi-lune

Alène pour percer des trous dans le cuir

Tranchet de cordonnier

Semelle de cuir

Fil de lin ciré

Empeigne de cuir de chèvre, souple et résistant

La chaussure, à demi achevée, sera retournée après finition.

À LA MODE
Dans leurs ateliers ouvrant directement sur la rue, les artisans s'activaient au vu et au su des passants. Les fabricants de chaussures travaillaient sur mesure ; on les appelait cordonniers d'après la ville espagnole de Cordoue, très réputée pour la qualité de ses cuirs. Ces longues chaussures pointues dites « à la poulaine » furent très en vogue à la fin du XIVe siècle ; elles étaient réservées aux riches bourgeois et aux nobles.

RUELLES ET VENELLES
Il y a peu de place dans la ville médiévale, serrée à l'intérieur de ses remparts. Les façades des maisons sont collées les unes aux autres et disposent d'un étage en encorbellement pour agrandir les pièces du premier étage. Le manque d'espace et les constructions à colombages multipliaient les risques d'incendie.

Emblème de la guilde des Armuriers

LES CONFRÉRIES LIMITENT LES RISQUES DU MÉTIER

En 1262, le *Livre des métiers* de Paris recensait dans la capitale cent métiers différents, ayant chacun son organisation professionnelle et sa juridiction. On donne souvent le nom de corporations aux guildes et confréries. Celles-ci comprennent les maîtres, les compagnons et les apprentis, qui jurent un serment de fidélité. Leur principal objet est de défendre les intérêts de ses membres en instaurant une aide financière et une solidarité entre tous. Les corporations se développent à partir du XIIe siècle pour atteindre leur apogée au XVe. Elles deviennent des organisations économiques très puissantes, ayant le monopole du commerce et jouant un grand rôle dans la vie de la cité.

DU SAVOIR-FAIRE
La guilde des Armuriers exigeait un travail hautement qualifié pour la fabrication des armures de plates. Au XVe siècle, la région de Milan (Italie) était l'un des grands centres européens pour l'armurerie et des villages entiers vivaient de cette activité.

LES FEMMES AU TRAVAIL
Les femmes n'étaient pas admises dans certaines corporations mais rien ne les empêchait d'apprendre un métier et de l'exercer. Beaucoup d'entre elles travaillaient avec leur mari ou leur père. En général, le tissage et le filage leur était réservé comme la confection des coiffes, bonnets et dentelles. Il existait aussi des brodeuses de grand renom.

Camail de mailles

Un collet protège le cou et le menton.

Fil de fer enroulé

On obtient des anneaux en coupant le fil.

Chaque anneau est aplati puis rivelé aux autres.

Rivets

Pince

LONGUE PATIENCE
La réalisation des hauberts de mailles, plus anciens que les armures de plates, nécessite de la patience et de l'habileté. Chaque anneau est lié à quatre autres avant d'être fermé par un rivet. Un haubert entier pouvait compter jusqu'à mille mailles, ou anneaux.

Le vert s'obtient en mélangeant de la guède et de la gaude.

Avec le pastel ou l'indigo, on obtient du bleu.

Lin teint avec de la garance

La garance donne des variantes de l'orange au rouge sombre.

L'écorce de chêne teinte en brun.

La gaude donne une belle couleur jaune.

Echeveaux de laine colorée

Emblème de la guilde des Cordiers

LES GOÛTS ET LES COULEURS
L'industrie textile tient une grande place dans l'économie médiévale et emploie un grand éventail de professions. Après le tissage, le drap de laine est débarrasé de ses impuretés, foulé aux pieds dans de grandes cuves par les foulons, puis lavé et enfin teint. La teinture se faisait à chaud, à l'aide de colorants naturels comme le pastel (bleu), la gaude (jaune), ou la garance (rouge foncé).

PIGNON SUR RUE
Les confréries les plus riches se faisaient construire une maison ou une salle de réunion où elles exposaient leur blason. Elles avaient leur chapelle dans la cathédrale, offraient souvent un vitrail et arboraient leur bannière dans les processions. Placées sous l'égide d'un saint patron, elles célébraient sa fête en organisant un banquet annuel.

Chaperon : autrefois capuchon de la chape, il devient indépendant et prend toutes les formes.

Emblème de la corporation des Boulangers

MAINMISE SUR LA VILLE
Ce costume cossu aurait pu être porté par un marchand ou un maître artisan de la fin du XVe siècle. A cette époque, certaines corporations exercent un monopole sur des secteurs entiers de l'économie depuis les matières premières jusqu'à la vente des produits finis, laissant peu de chances aux petits marchands indépendants. De plus, les chefs des corporations jouent aussi un rôle politique dans la cité, cherchant à faire prévaloir les intérêts de leur métier.

Liseré de fourrure

Bourse de cuir décorée

Couteau de table personnel

Doublet de laine bleue garni d'une doublure de lin

Manteau de beau drap dont la coupe large (nécessitant beaucoup de tissu) est signe de richesse.

La braguette deviendra une coquille proéminente à la fin du XVe siècle.

La baguette, ou aiguillette, devient à la mode à partir de 1450.

Chaussures faites sur mesure

UN LONG APPRENTISSAGE
Devenir maître artisan représentait l'achèvement d'une carrière. Avant de commencer, un apprenti devait payer une forte somme au maître qui allait lui enseigner son art. L'apprentissage durait environ sept années à la suite desquelles l'apprenti devenait compagnon et partait pour un tour de France où il approfondissait son savoir. Pour devenir maître à son tour, il devait attendre le temps fixé par le règlement et réaliser un coûteux chef-d'œuvre. Les maîtres artisans, cherchant à limiter la concurrence, n'accordaient pas facilement la maîtrise aux compagnons.

Bottes coûteuses en cuir de veau

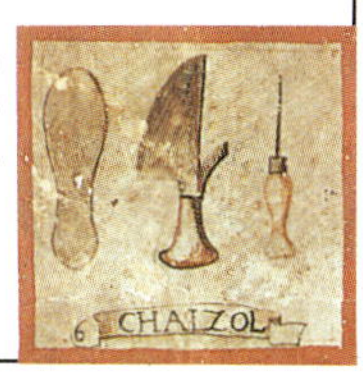

Emblème de la corporation des Cordonniers

LES MAÎTRES DE LA PIERRE

Parmi les artisans les mieux payés du Moyen Âge figurent les maçons et les tailleurs de pierre. Ce sont eux qui ont élevé les cathédrales et les châteaux qui dominent encore les paysages européens. Ce sont des artisans itinérants pour la plupart, mal intégrés aux confréries de la ville. À la fin du Moyen Âge, ils forment dans certains pays des corporations fermées et parfois secrètes mais pendant les siècles de grandes constructions, ils travaillent sur le chantier comme les autres artisans, se réunissant dans la loge à l'abri du mauvais temps pour partager leur repas et leurs méthodes de travail. Le chantier était leur école d'apprentissage. Après des années d'expérience, l'un d'entre eux devenait architecte et passait de la loge à la « chambre aux traits », où l'on dessinait les plans et les épures.

Le coulisseau est posé sur la pierre.

On lit les mesures sur la tige graduée.

ÉQUERRE
L'équerre est l'outil indispensable, utilisé par de nombreux corps de métiers (tailleurs de pierre, menuisiers, charpentiers), pour vérifier les angles et les parements.

ÇA COULISSE
Chaque pierre est taillée avec précision selon un gabarit fourni à l'avance. Avant la pose, le tailleur vérifie la profondeur des moulures et l'exactitude des angles à l'aide d'un pied à coulisse.

POUR TRACER DES TRAITS
Le tailleur de pierre doit ébaucher la forme désirée sur le bloc de pierre pour savoir ensuite comment le tailler. Il utilise pour cela une croix mobile qui permet de graver les moulures et les lignes courbes. Ici la pointe trace les lignes parallèles au bord à la distance voulue.

La pointe raye la pierre.

Tête bien usée

Ciseau effilé pour faire des cassures nettes dans les pierres dures

Ciseau à tête de marteau

Poinçon pour ôter de larges éclats

VAILLANT PETIT TAILLEUR
Il fallait compter une journée de travail pour achever chaque carreau de pierre. En sortant de la carrière, les pierres étaient grossièrement équarries, et retaillées une fois arrivées sur le chantier. Les tailleurs utilisaient d'abord la scie de long pour diviser les blocs, puis ils attaquaient la pierre avec le ciseau sur lequel ils frappaient à l'aide d'un marteau ou d'une massette. Ils pouvaient enlever de larges éclats au moyen de poinçons (à droite) afin d'obtenir des bords bien droits.

MASSETTE
Cet outil qui ressemble à un gros marteau est utilisé pour frapper sur le ciseau dont l'extrémité aiguisée taille la pierre. Plus la pierre est tendre, plus la massette doit être lourde.

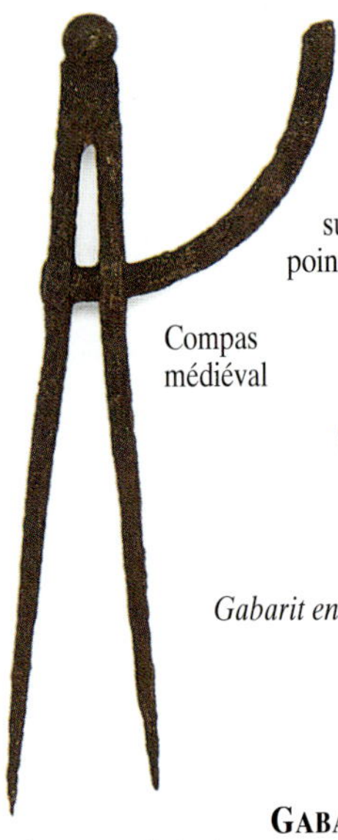

Compas médiéval

LE COMPAS DANS L'ŒIL
Le compas est devenu l'emblème de l'architecte et du constructeur, tant son rôle est important pour calculer les angles et reporter les mesures du gabarit sur la surface des blocs. Muni de deux pointes sèches, il ne sert pas à dessiner.

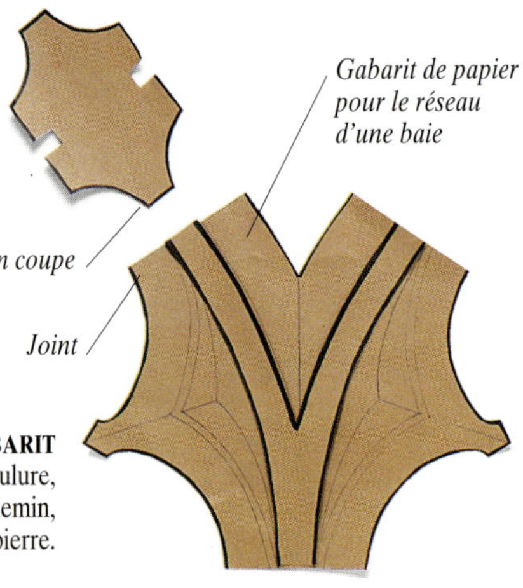

Gabarit de papier pour le réseau d'une baie

Gabarit en coupe

Joint

GABARIT
Le gabarit (ou modèle) de chaque moulure, dessiné sur du cuir, de l'ardoise ou du parchemin, devait être recopié en trois dimensions dans la pierre.

Aujourd'hui les pierres sont marquées au crayon.

ÉBAUCHE
Le tailleur sélectionnait un carreau de pierre équarri et bien arasé sur lequel il pointait les mesures du gabarit, puis il ébauchait la forme voulue au ciseau.

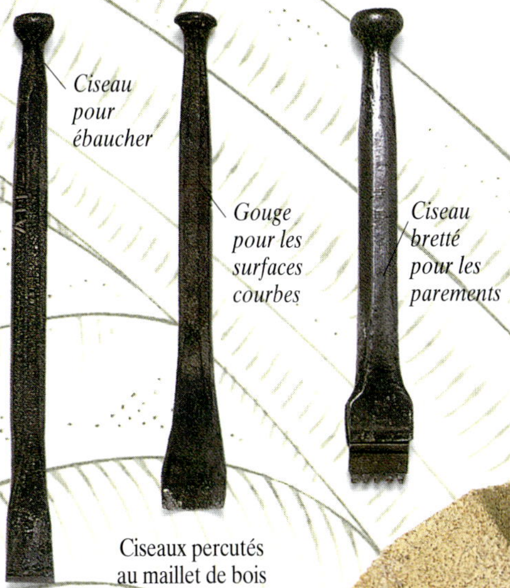

Ciseaux percutés au maillet de bois

Haut-relief de pierre de l'église Saint-Michel de Florence représentant la guilde des Tailleurs de pierre

DE L'ARTISAN À L'ARTISTE
Les sculpteurs et les tailleurs de pierre font partie de la même corporation et reçoivent le même salaire. Les premiers portent souvent le nom « d'imagiers » parce qu'ils dessinent dans la pierre les figures et les images qui animeront l'église.

DE BONS OUTILS
Un apprenti tailleur doit expérimenter un choix de ciseaux variés selon le grain de la pierre, sa dureté, ou le travail à exécuter. Chaque tailleur possède ses propres outils marqués à son nom qui passent de génération en génération jusqu'à complète usure. Sur le chantier, le forgeron est indispensable pour réparer les outils défectueux.

CLÉ DE VOÛTE
L'architecte, appelé aussi maître maçon, est responsable du chantier. Il a dessiné les plans de l'édifice et a engagé les ouvriers. Ayant appris son métier sur les chantiers, il connaît bien les matériaux et sait encore mettre la main à la pâte. Sur un grand chantier, il est aidé par l'appareilleur qui coordonne les différents corps de métiers. Parfois très réputé, l'architecte peut être l'ami des plus grands seigneurs.

Redent en fer de lance

À VOS MARQUES
Deux sortes de marque se lisent sur les pierres : les indications de pose et les marques des tâcherons (tailleurs payés à la tâche).

TOUT EN FINESSE
Réaliser le fenestrage des verrières gothiques avec leurs nombreuses moulures est un travail de haute qualification réservé aux maîtres et aux compagnons chevronnés. Cette délicate moulurations appartient au réseau d'une fenêtre haute.

On lissait les surfaces avec un peigne pour effacer les traces d'outils.

À COUPS DE CISEAU
Une fois que la forme est grossièrement dégagée, le travail de finition se fait au ciseau, à la gouge et au peigne dont les dents laissent parfois des stries sur la pierre.

DANS LA LOGE
On s'active dehors par beau temps mais l'hiver, les tailleurs de pierre continuent leur travail dans la loge, une baraque bâtie sur le chantier pour abriter les ouvriers, ranger les outils et les gabarits.

FÊTES ET JOURS FÉRIÉS

La société médiévale n'a pas inventé les congés payés mais le calendrier religieux prévoit tant de fêtes que le nombre de jours chômés correspond à plus d'un mois de vacances par an. Paysans et citadins attendaient impatiemment les grandes fêtes de Pâques et de Noël, célébrées par des services religieux, des processions et de nombreuses festivités. C'est autour de la fête d'un saint que se tenaient les grandes foires : Foire de la saint Romain à Rouen, de la saint Quiriace à Provins... Au village, on fêtait aussi les moments forts de la vie agricole comme la moisson ou l'abattage du cochon qui donnaient lieu à de grandes ripailles. La fête de Mai, le 1er Mai, célébrait le renouveau de la nature et de la jeunesse.

JEUX D'ADRESSE
Au Moyen Age, toute fête digne de ce nom comportait des spectacles de baladins, de jongleurs et de montreurs d'ours.

LE DÉMON DU JEU
L'Eglise interdisait les jeux d'argent. En vain ! Car les gens misaient de fortes sommes aux dés. Un des passe-temps favoris était aussi de parier sur le gagnant d'un combat de coqs ou de chiens.

FAIRE LES FOUS
La « fête des Fous » fait partie des réjouissances du Moyen Age qui nous étonnent le plus. Un jeune garçon déguisé en évêque était promené à travers la ville sous les quolibets de la foule, puis la fête se poursuivait dans la cathédrale avec chansons paillardes et jeux de dés sur l'autel...

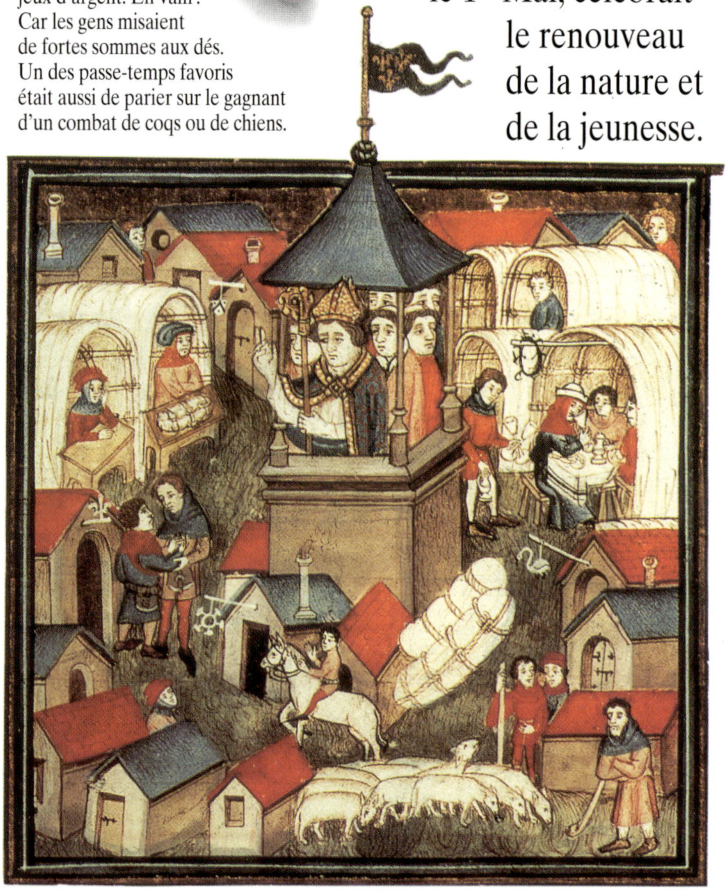

C'EST LA FOIRE !
Les foires étaient liées à la fête d'un saint patron. Les plus courues étaient celles de Provins, établies sous la protection des comtes de Champagne. Des marchands de tous les pays s'y réunissaient, échangeant les produits de l'Europe du Nord contre les marchandises précieuses venues d'Orient. Autour des marchés de gros s'ouvraient des étals réservés aux particuliers, des buvettes et des auberges.

QU'IMPORTE LE FLACON...
A l'occasion des foires qui rassemblaient des centaines de marchands, les tavernes ne désemplissaient pas et l'on vidait force chopines en discutant affaires. Dans cette auberge italienne, des flacons et des gobelets de vin montent de la cave pour des buveurs attablés dans la salle. Dans les villes marchandes du Nord de l'Europe, la boisson la plus commune était la bière.

PETITS PÂTÉS
Pas de rassemblement populaire sans quelques gourmandises sucrées ou salées. Ces petits pâtés chauds appelés « oublies » étaient vendus dans les rues par des marchands ambulants.

AU MARCHÉ
En dehors des grandes foires saisonnières, la ville accueillait également un ou plusieurs marchés hebdomadaires. Des paysans, des marchands de bestiaux, des artisans se regroupaient sur la place ou à l'extérieur de l'enceinte pour avoir plus d'espace. Le long des étals, le chaland pouvait acheter du fromage, des œufs, du sel, des casseroles, du drap pour faire des habits, ou des fripes. Ici l'étal d'un cordonnier du XVe siècle a été reconstitué.

LA MUSIQUE MÉDIÉVALE

Depuis la plus haute Antiquité, les hommes accompagnent de musique et de chants les moments importants de leur vie, mais on ne sait presque rien de la musique profane du haut Moyen Âge. Celle qui a été conservée est surtout liturgique. Les hautes voûtes des abbayes résonnaient des psalmodies des moines et des chants grégoriens, nommés ainsi d'après le pape Grégoire le Grand (590-604) qui unifia la liturgie catholique. Jusqu'à une époque avancée, les chœurs d'église n'employaient que des voix, sans instruments. En revanche, la harpe et le luth divertissaient les convives lors des banquets et s'accordaient gracieusement avec le chant des ménestrels. Quant aux trompettes et aux tambourins, ils étaient de toutes les fêtes populaires.

LA DANSE DE L'OURS
De nombreuses miniatures montrent des ours piétinant en cadence au son de la flûte et du tambourin. Ce divertissement paraissait des plus cocasses car les ours savent fort bien marcher sur deux pattes, comme les humains.

BATTERIE D'ANTAN
Certains instruments furent introduits en Europe après les croisades. Par exemple, ces timbales du Moyen-Orient, ou « nacaires », viennent du mot arabe « naqqàrya ». Accrochées par paires aux hanches du joueur à l'aide d'une sangle, elles rythmaient vivement les danses.

Joueur de nacaires

Joueur de vielle

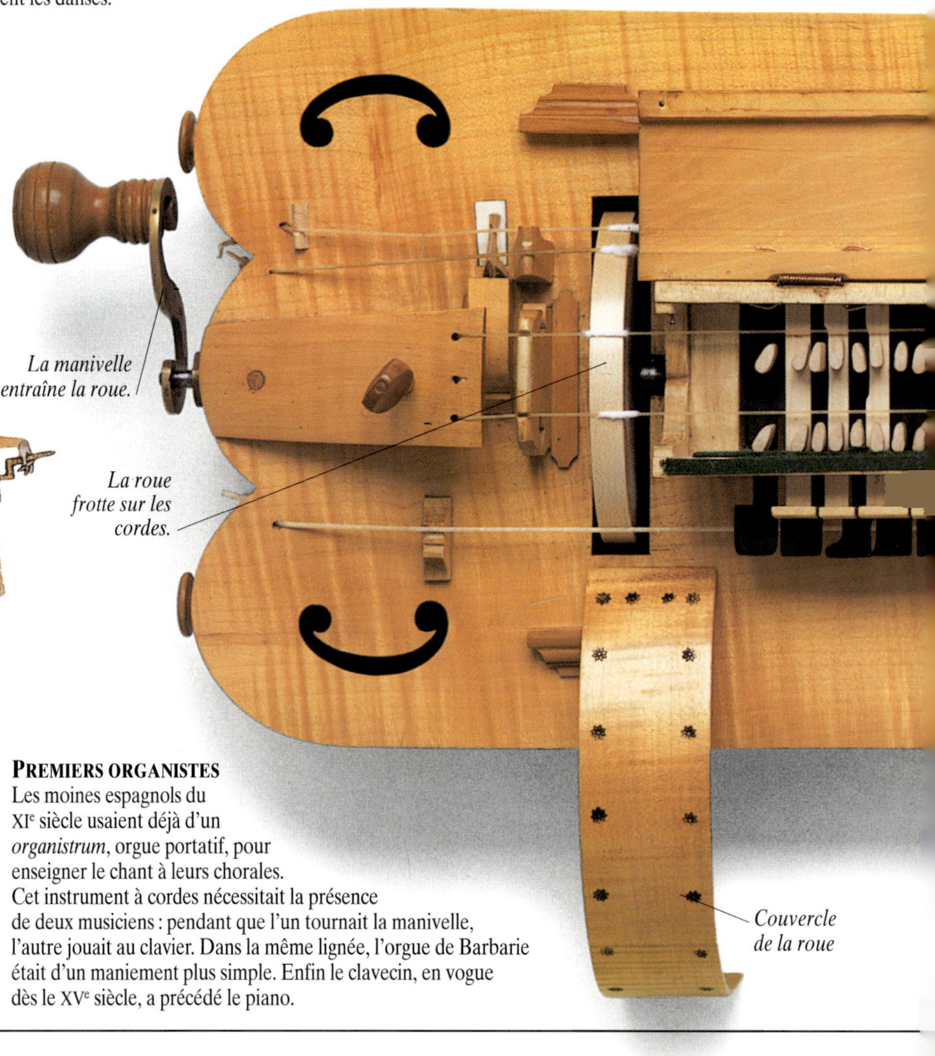

L'ANCÊTRE DU VIOLON
Outre la vielle et le luth, les ménestrels du XIIIe siècle jouaient du rebec, ancêtre du violon avec la viole. Plus grand que notre violon actuel, le rebec pouvait se poser sur l'épaule ou sur le genou. Le joueur pinçait la corde sur le manche pour avoir la mélodie tandis que les cordes grattées par l'archet donnaient les notes basses.

PREMIERS ORGANISTES
Les moines espagnols du XIe siècle usaient déjà d'un *organistrum*, orgue portatif, pour enseigner le chant à leurs chorales. Cet instrument à cordes nécessitait la présence de deux musiciens : pendant que l'un tournait la manivelle, l'autre jouait au clavier. Dans la même lignée, l'orgue de Barbarie était d'un maniement plus simple. Enfin le clavecin, en vogue dès le XVe siècle, a précédé le piano.

L'HOMME-ORCHESTRE

Le plus simple des orchestres de danse se composait d'un tambourin et d'un pipeau. Lorsque celui-ci n'était percé que de deux trous, le joueur se servait de sa main gauche pendant qu'il agitait le tambourin de la droite. Ces instruments rudimentaires accompagnaient les danses villageoises.

Joueur de cornemuse

MUSIQUE CÉLESTE

Sur les miniatures, les anges sont représentés jouant du psaltérion. De même facture que la harpe, cet instrument faisait partie d'un petit orchestre, mêlant ses notes douces à celles d'autres instruments mélodieux tels que le luth ou la viole.

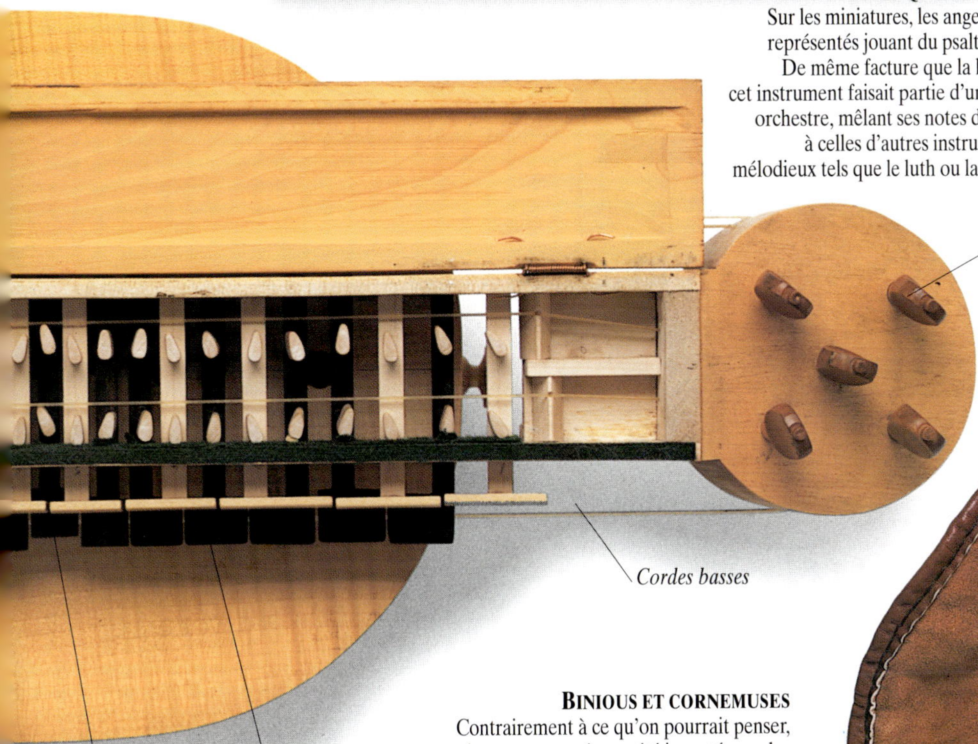

BINIOUS ET CORNEMUSES

Contrairement à ce qu'on pourrait penser, la cornemuse n'a pas été inventée par les Ecossais. Dès 1300, on trouve ce type d'instrument dans bien des régions du monde, en Bretagne par exemple, en Inde et en Afrique. Facile à réaliser, la poche était faite d'une panse de vache.

Le sac est fait de cuir.

Quand le Moyen Âge montait sur les planches

Le théâtre, qui porte alors le nom de « jeu », est un divertissement bourgeois. Il naît au XIe siècle des « jeux liturgiques » inventés par l'Église pour donner plus de vie à l'Histoire sainte. Des spectacles mimés illustraient ainsi l'histoire d'Adam et Ève, ou la passion du Christ le jour de Pâques. Installées sous les porches des églises et sur les places de marché, les premières scènes de théâtre sont toujours d'inspiration chrétienne. Au XIIe siècle, les « mystères » deviennent à la mode ; ils mêlent les anecdotes pittoresques aux thèmes religieux. Mais, à partir du XIIIe siècle, apparaît aussi un théâtre profane : farces et soties caricaturent des personnages et des événements de la vie courante.

Mascarade
Cette danse masquée et déguisée (ci-dessus) allie la musique la plus tonitruante aux pitreries les plus diverses. Les acteurs masqués montaient sur les planches pour mimer de courtes scènes ou des fables mélangeant le rire et la mort. De même nature, le charivari se dansait avec tintamarre sous les fenêtres d'une veuve qui venait de se remarier.

Monstres hirsutes
Beaucoup de rites païens survivaient dans l'Europe médiévale. Des hommes des bois, vêtus de feuillages et de verdure, venaient parfois troubler fêtes et spectacles ; ils symbolisaient les forces brutes de l'homme primitif et de l'inconscient. Sur le dessin ci-dessus, les costumes ont malencontreusement pris feu.

Le dragon pouvait cracher du feu et de la fumée si l'on faisait exploser de petites charges de poudre dans sa gueule.

En fanfare
Le chalumeau est un instrument de roseau qui émet un son très perçant ; il accompagnait les processions et les parades à travers la ville.

Un fou rire
En 1230, un prêtre se plaignait des acteurs « qui enlaidissaient leur corps par des poses et des gestes honteux ». Ce masque grotesque illustre la grimace d'un fou cherchant à divertir l'assistance. Sous leurs propos gaillards, les fous disaient souvent beaucoup de vérités aux grands de ce monde.

LE VISAGE DU TENTATEUR
Comme les statues des porches et les scènes peintes sur les vitraux, les mystères constituaient un excellent moyen d'instruire les foules qui ne savaient ni lire ni écrire. Cette scène représente le diable tentant le Christ dans le désert tel que cet épisode est décrit dans les Evangiles. Ce genre de théâtre était ambulant. Montés sur une charrette, les acteurs répétaient leur jeu à plusieurs endroits de la ville.

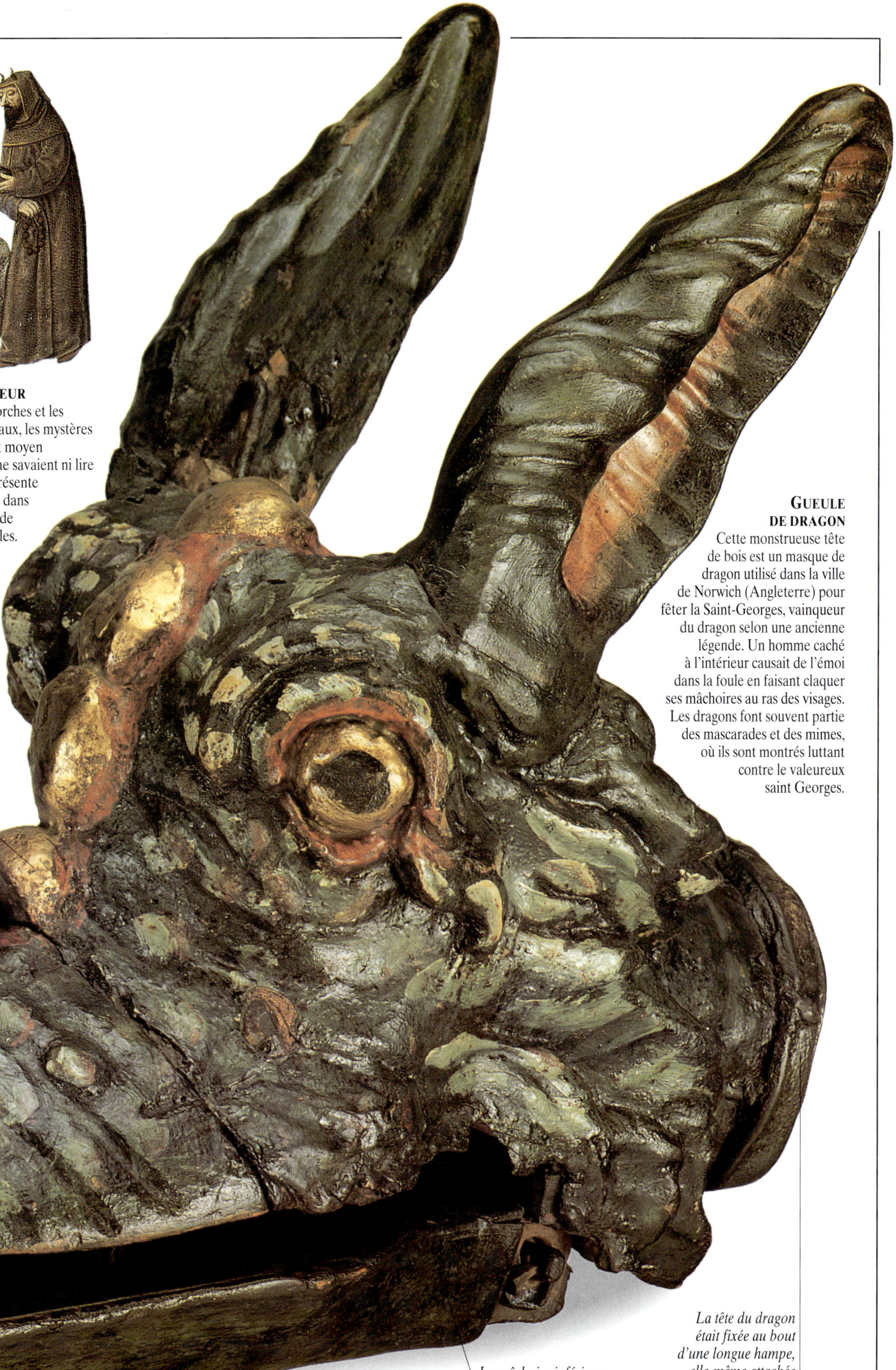

GUEULE DE DRAGON
Cette monstrueuse tête de bois est un masque de dragon utilisé dans la ville de Norwich (Angleterre) pour fêter la Saint-Georges, vainqueur du dragon selon une ancienne légende. Un homme caché à l'intérieur causait de l'émoi dans la foule en faisant claquer ses mâchoires au ras des visages. Les dragons font souvent partie des mascarades et des mimes, où ils sont montrés luttant contre le valeureux saint Georges.

Tête de bois sculptée et peinte

La mâchoire inférieure claquait avec grand bruit.

La tête du dragon était fixée au bout d'une longue hampe, elle-même attachée au corps de la bête.

La maladie et la mort : une menace obsédante

Au Moyen Âge, la mort fait partie de la vie quotidienne. La médecine, alors rudimentaire, ne permet pas d'espérance de vie au-delà de trente ans en moyenne. Dans les classes pauvres, la malnutrition permanente se transforme en famine chronique qui fauche rapidement les plus faibles. Quant aux épidémies, elles se répandent à une vitesse effrayante dans les logis surpeuplés et insalubres des villes. La plus terrible fut la Grande Peste. Véhiculée depuis l'Asie par les rats des navires qui contaminèrent les marins, elle atteignit l'Europe entre 1347 et 1348 et emporta un tiers de la population. De gros boutons noirs et bleus appelés bubons apparaissaient sur le corps du malade et la mort était inévitable, faute de remède à ce fléau.

Bonne à tout faire
Le pyrèthre à l'odeur forte était utilisé contre les insectes, les migraines et au moment des accouchements.

Bourrache
En raison de la forme de ses feuilles évoquant des poumons, la bourrache était utilisée contre les maladies de poitrine.

Marjolaine
La marjolaine en cataplasme apaisait les contusions et les œdèmes.

Menthe
La menthe était déjà utilisée en infusion. C'est un stimulant de l'appareil digestif et un tonique ; elle est aussi antispasmodique et analgésique.

La médecine par les plantes
La médecine médiévale, basée sur l'empirisme et la tradition, était enveloppée de superstitions. Les livres de pharmacopée recommandaient par exemple de cueillir telle plante à tel moment de l'année, faute de quoi elle serait dénuée de pouvoir. Mais il faut savoir que bien des plantes utilisées à cette époque ont été redécouvertes récemment par l'homéopathie !

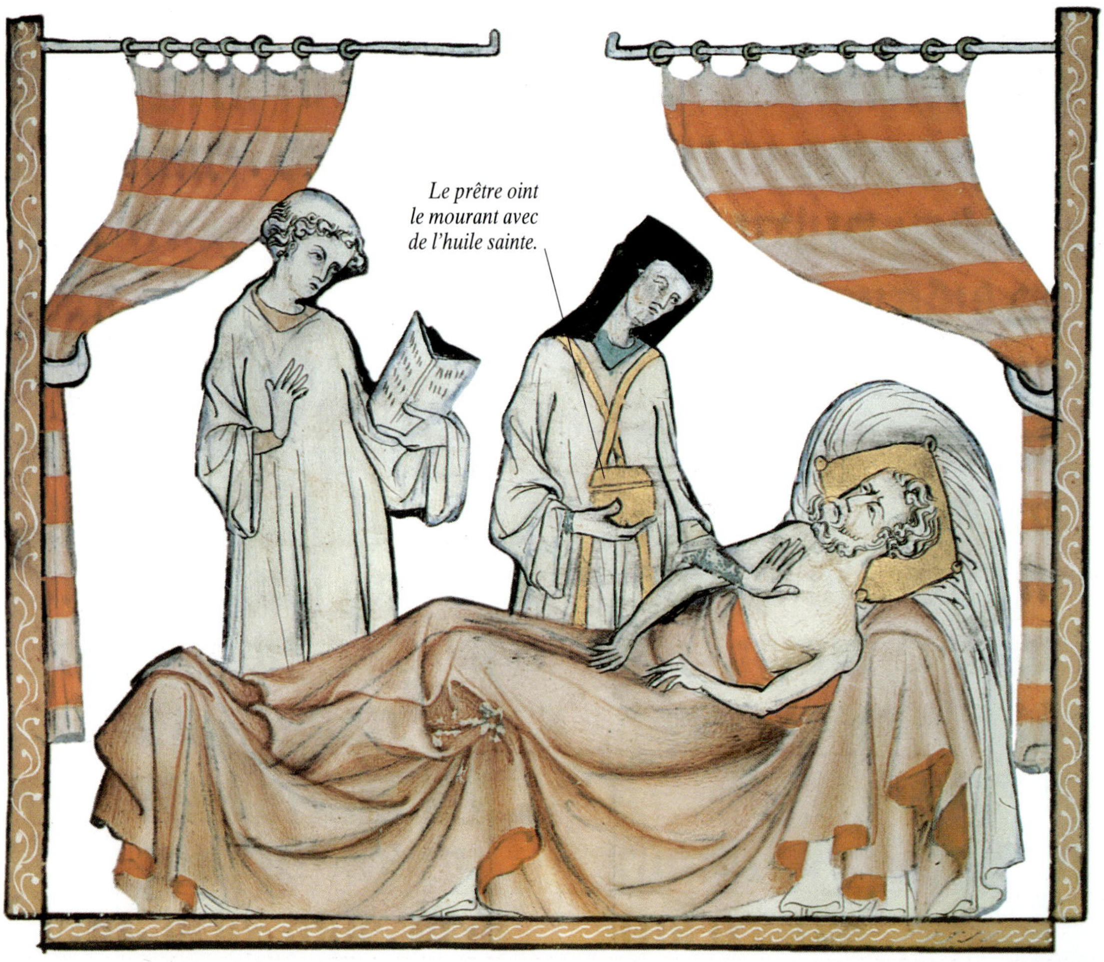

Le prêtre oint le mourant avec de l'huile sainte.

Petites opérations
Dès cette époque, le médecin et le chirurgien sont deux hommes différents. Ce dernier, qui est aussi barbier, exécute les saignées et les purges. On croyait alors qu'il fallait équilibrer la quantité de liquide dans le corps du malade. Mais cette pratique risquait au contraire de l'affaiblir.

Derniers instants
Mourir après avoir lavé sa conscience, tel était le vœu de tout être humain au Moyen Age. Chacun se confessait donc au prêtre afin de ne pas tomber en enfer. Mais au moment de la Grande Peste, les prêtres mouraient comme les autres et bien des croyants ne reçurent pas les derniers sacrements.

ARMOISE
Cette plante purgative a pour effet de débarrasser le système digestif des vers. Elle est aussi efficace contre les parasites tels les poux.

Les préparations pharmaceutiques étaient souvent gardées dans des cornes.

La poudre dentifrice était très abrasive.

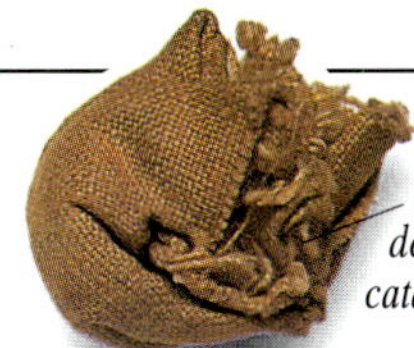

Tissu de lin pour cataplasme

Buccin

CHEZ LE DENTISTE
Un dentiste ambulant arrêté sur la place du marché ou le barbier du quartier arrachaient les dents cariées. Sans anesthésie et avec des moyens qui nous feraient frémir ! Au-delà de trente ans, bien des gens étaient totalement édentés.

Coquille d'huître

Os de seiche

LES ORIGINES DU DENTIFRICE
Les ingrédients ci-dessus entraient dans la composition du dentifrice. Cette poudre réservée aux riches était considérée comme un luxe car l'hygiène dentaire était inexistante. Les gens se rafraîchissaient l'haleine avec de la coriandre ou des grains de cumin.

LE POIDS DE LA MORT
Pendant la Peste noire, les gens devaient porter eux-mêmes leurs parents défunts jusqu'au cimetière car les fossoyeurs n'y suffisaient plus. A Paris, environ 800 personnes mouraient chaque jour. De simples croix comme celles-ci étaient placées sur les cadavres.

LA FIN DU MONDE
En 1348, les populations crurent que la peste Noire venait les punir de leurs péchés. L'Eglise multipliait les offices et les processions, en signe de pénitence.

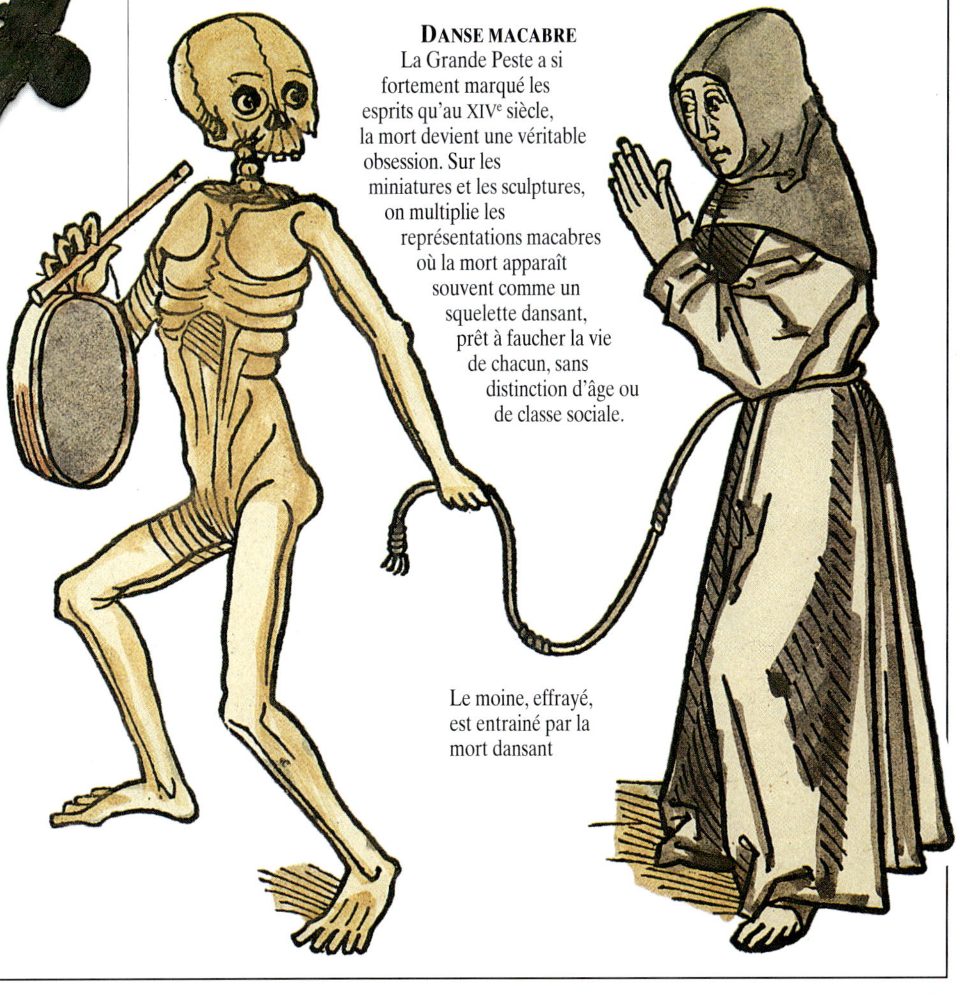

Le squelette danse avec pipeau et tambourin.

DANSE MACABRE
La Grande Peste a si fortement marqué les esprits qu'au XIVe siècle, la mort devient une véritable obsession. Sur les miniatures et les sculptures, on multiplie les représentations macabres où la mort apparaît souvent comme un squelette dansant, prêt à faucher la vie de chacun, sans distinction d'âge ou de classe sociale.

Le moine, effrayé, est entraîné par la mort dansant

La fin d'un monde et la naissance d'un autre

À partir du XVe siècle, les artistes italiens, puis ceux des pays voisins, redécouvrent l'art antique. L'Homme est désormais au centre de toutes les recherches. Les sculpteurs se penchent sur la beauté du corps humain, les architectes créent de nouveaux espaces et les poètes s'éloignent de la religion pour décrire sentiments et émotions. Gardés dans les abbayes depuis le Ve siècle, les écrits grecs et latins réapparaissent ; ils sont bientôt imprimés et les livres, devenus moins chers, permettent une meilleure diffusion du savoir. L'Église catholique chancelle, critiquée par des réformistes comme Luther et Calvin. Désormais, le monde chrétien sera divisé entre protestants et catholiques. En même temps, les Européens se lancent sur les mers et découvrent des terres inconnues. Le monde s'ouvre. Un autre âge commence : la « Renaissance ». Si la vision du monde change, les conditions de vie du peuple des villes et des campagnes resteront précaires pendant longtemps encore.

Le père de la Réforme
C'est un prêtre allemand du nom de Martin Luther (1483-1546) qui fut l'initiateur du mouvement de Réforme. En 1517, il afficha sur la porte de la cathédrale de Wittenberg « 95 thèses » dans lesquelles il critiquait l'attitude de l'Eglise et le commerce des indulgences (pp. 30-31). Derrière lui se levèrent des milliers de mécontents.

Décor peint à la main

Caractères gothiques imitant l'écriture manuelle

Les débuts de l'imprimerie
Peu d'inventions ont autant changé la face du monde que celle de l'imprimerie à l'aide de caractères mobiles en métal. Celle-ci fut développée en Europe par Johannes Gensfleisch, dit Gutenberg (entre 1397 et 1400-1468) qui publia sa première bible en 1450. Ce procédé allait mettre fin aux livres manuscrits, rares et coûteux.

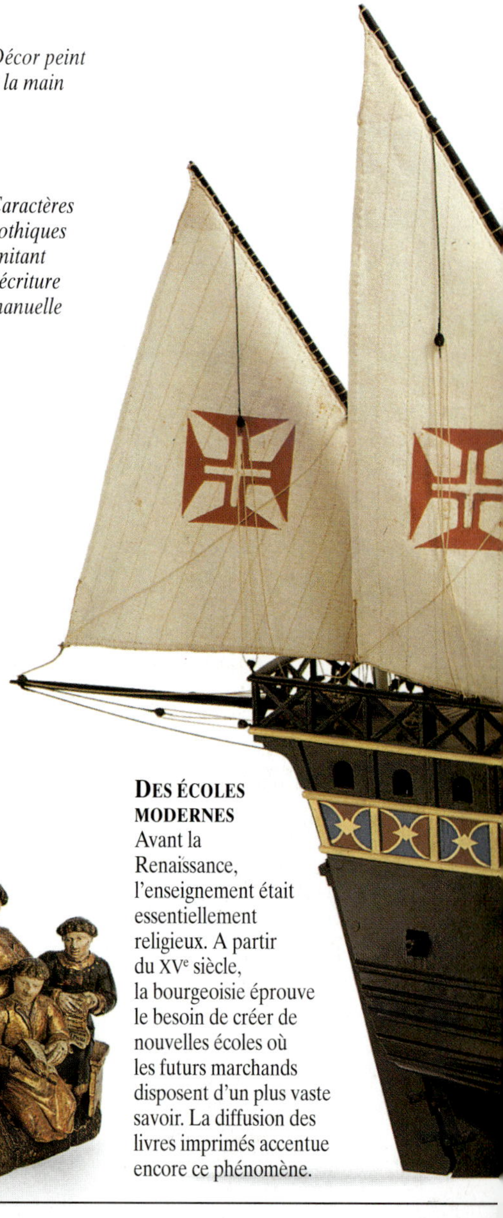

Un grand mécène
La ville de Florence fut l'un des foyers de la Renaissance italienne. A sa tête, un homme remarquable, Laurent de Médicis (1449-1492), surnommé le Magnifique, mit sa fortune au service d'artistes de génie comme Michel-Ange (p. 7) ou Botticelli.

Des écoles modernes
Avant la Renaissance, l'enseignement était essentiellement religieux. A partir du XVe siècle, la bourgeoisie éprouve le besoin de créer de nouvelles écoles où les futurs marchands disposent d'un plus vaste savoir. La diffusion des livres imprimés accentue encore ce phénomène.

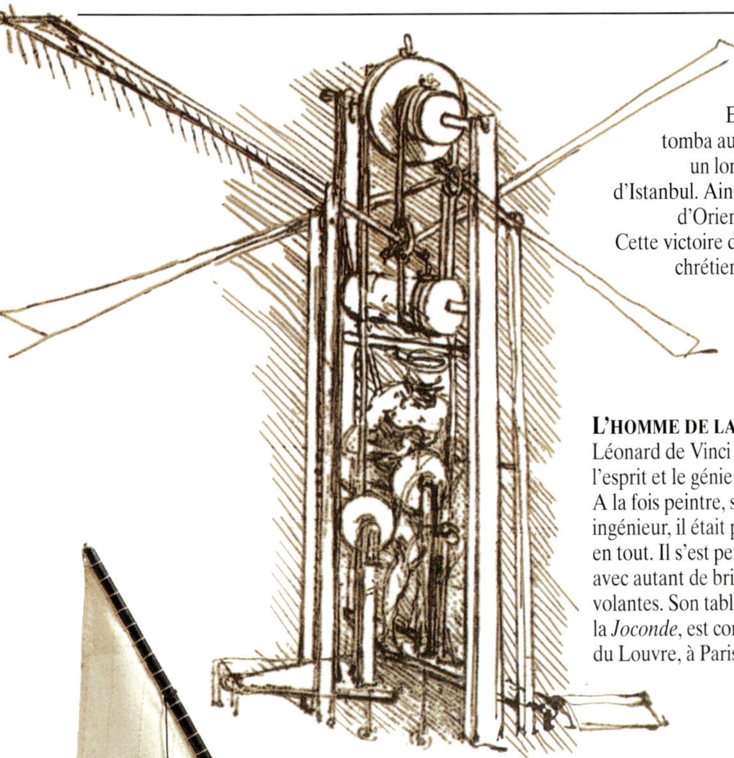

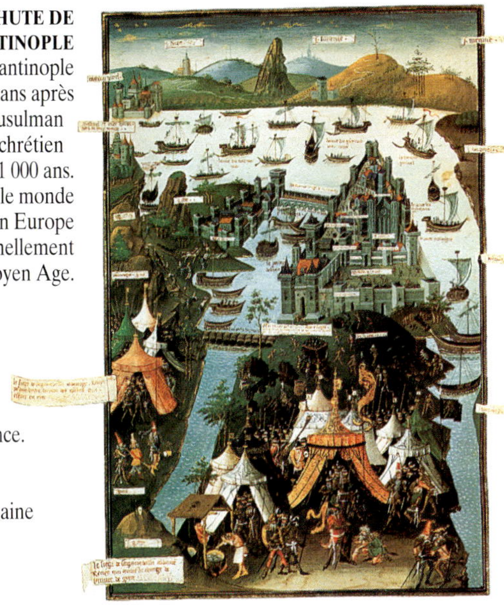

LA CHUTE DE CONSTANTINOPLE
En 1453, la ville de Constantinople tomba aux mains des Turcs ottomans après un long siège et prit le nom musulman d'Istanbul. Ainsi disparaissait l'Empire chrétien d'Orient qui avait duré près de 1 000 ans. Cette victoire du monde musulman sur le monde chrétien fut durement ressenti en Europe et marque traditionnellement la fin du Moyen Age.

L'HOMME DE LA RENAISSANCE
Léonard de Vinci (1452-1519) symbolise l'esprit et le génie multiple de la Renaissance. A la fois peintre, sculpteur, architecte et ingénieur, il était prodigieusement doué en tout. Il s'est penché sur l'anatomie humaine avec autant de brio que sur les machines volantes. Son tableau le plus célèbre, la *Joconde*, est conservé au Musée du Louvre, à Paris.

L'INVENTION DE LA POUDRE
Il fallut presque deux cents ans entre la découverte de la poudre, au XIIIe siècle, et la fabrication d'armes à feu efficaces. A partir du XVe siècle le canon devient le maître des batailles ; ni la chevalerie ni les murailles des châteaux ne sauront lui résister.

L'ÈRE DES GRANDS NAVIGATEURS
Au XVe siècle, l'Europe se sent à l'étroit à l'intérieur de ses frontières. Les marins portugais se lancent les premiers sur les mers et descendent le long des côtes africaines à bord de nouveaux navires, les caravelles. En 1488, Bartolomeu Dias double le cap de Bonne-Espérance et pénètre dans l'océan Indien. Dès 1497, Vasco de Gama (v. 1469-1524) atteint les ports indiens et, en 1492, le génois Christophe Colomb (1450 ou 1451-1506) découvre l'Amérique pour le roi d'Espagne.

LE SAVIEZ-VOUS ?

DES INFORMATIONS PASSIONNANTES

Comme il était difficile de se procurer de l'eau potable, les pauvres buvaient en général de la bière et les riches, du vin au cours des repas. Les paysans fabriquaient le vin en récoltant des grappes mûres qu'ils écrasaient sous leurs pieds et dont ils faisaient fermenter le jus.

Même si au Moyen Âge les tapis d'Orient étaient importés par des personnes riches, ils étaient trop précieux pour être posés par terre. Au lieu de cela, on les drapait sur des tables.

Les murs des grandes demeures étaient ornés de tapisseries, de lourds tissus et de panneaux de cuir qui égayaient les pièces, isolaient du froid et indiquaient la richesse de la famille.

Dans les demeures bourgeoises, le lit était une pièce de mobilier importante, la seule à figurer dans les testaments ; constitué d'un cadre de bois rudimentaire, il était entouré de courtines, ou rideaux, de belle étoffe qui assuraient chaleur et intimité au dormeur tout en exhibant son aisance financière.

Au début du Moyen Âge, les pièces, exiguës, avaient de multiples fonctions et le mobilier était rare. Des bancs couraient le long des murs par gain de place et pour éviter d'éventuelles attaques par derrière.

Les forgerons jouaient un rôle essentiel dans la société médiévale, car ils fabriquaient et réparaient tout ce qui était fait en métal, comme les armes, les chaînes, les clous, les outils, les marmites, les serrures, les charnières, les pièces des chariots et les fers des chevaux.

Fer à cheval

Les paysans, locataires de la terre, payaient un loyer au seigneur en nature (poules, blé...) ou en argent. En outre, ils devaient donner un dixième de ce qu'ils cultivaient au prêtre du village ; cette redevance était appelée la dîme.

Les hommes et les femmes du Moyen Âge dormaient généralement nus, même en hiver ; on a ainsi trouvé un contrat de mariage du XIIIe siècle interdisant à une épouse de porter des vêtements la nuit sans le consentement de son époux.

Un marché en ville à l'automne, d'après un tableau de l'artiste médiéval Jörg Breu l'Ancien

À la fin du Moyen Âge, on réchauffait les lits à l'aide de bassinoires en cuivre à long manche, emplies de braises. Ces bassinoires pouvaient servir de cachettes pour transporter des secrets et même un bébé en bonne santé afin de remplacer l'enfant mort-né d'une noble dame.

Au Moyen Âge, les personnes riches portaient de somptueux vêtements, généralement en laine ; afin de faire fuir les mites, ils les rangeaient parfois dans des toilettes malodorantes.

Dans les maisons des villes et des villages, le bétail était souvent installé au rez-de-chaussée, afin que la chaleur monte et passe à travers les planchers pour réchauffer les pièces d'habitation.

Pour se chauffer, on se servait aussi fréquemment d'un brasero, consistant en un panier ou un pot métallique, parfois posé sur un support, dans lequel brûlait du charbon de bois. Pratiques et mobiles, les braseros pouvaient également être dangereux, car la combustion du charbon de bois libère du monoxyde de carbone.

Les gens du Moyen Âge vivaient au contact de la nature et s'en inspiraient pour décorer l'intérieur de leurs demeures. L'un des plus beaux exemples en France se trouve au palais des Papes à Avignon où la Garde-Robe de Clément VI est ornée d'un décor champêtre réalisé en 1343 par un artiste italien.

Le droit d'organiser chaque semaine un marché était accordé par le roi ou le seigneur au moyen d'un document appelé charte. Comme ces marchés favorisaient les échanges, la prospérité des villes et donc leur développement, une telle charte était d'une importance vitale.

Les berceaux des enfants étaient fréquemment fabriqués en bois de bouleau, qui, croyait-on, repoussait les mauvais esprits. Le bois de sureau, en revanche, était supposé les attirer.

À partir du XIVe siècle, les hommes ne portent plus la robe et montrent leurs jambes, moulées dans des chausses, de laine ou de soie, tricotées. Le pourpoint ajusté sur le torse descend jusqu'à mi-cuisses.

Les bottes serrées accentuaient le galbe des mollets.

QUESTIONS / RÉPONSES

Monnaie à l'effigie d'Henri VII

L'organisation d'une cour royale à l'époque médiévale était-elle aussi rigide et complexe que ce que l'imagination populaire nous laisse penser ?

Au début du Moyen Âge, les rois vivaient simplement, circulant de château en château, entourés d'une petite cour composée de leur famille, de quelques hommes d'Église et conseillers. À partir du XIVe siècle, le prestige du monarque s'accroît et la cour royale se développe. Le roi Charles V de France (1364-1380) emploie pour son propre hôtel trois cents personnes : sa garde personnelle, les sergents qui surveillent les salles, le chambellan qui dirige le personnel de la chambre du roi, les secrétaires et notaires, les armuriers et valets de chiens pour la chasse, les échansons chargés de la table et même les gardes pour les oiseaux des volières... De son côté, la reine en emploie presque autant. Parmi les différents services, l'un des plus fourmillants est celui de la cuisine où s'activent plus de cent personnes. Malgré ce nombre et la hiérarchie qu'il impose, les cours royales du Moyen Âge ne peuvent en aucun cas être comparées à celle de Versailles où vivaient dix mille courtisans prisonniers d'une étiquette rigoureuse.

Comment la justice fonctionnait-elle au Moyen Âge ?

Certains seigneurs possédaient le droit de haute justice qui leur permettait de condamner à mort. Les petits délits, relevant de la basse justice, étaient punis d'une amende. Ceux qui avaient commis des méfaits mineurs étaient aussi condamnés à être mis au pilori durant une certaine période : on emprisonnait alors les chevilles ou les poignets et la tête du captif dans un carcan en bois percé de trous. Les prisonniers étaient installés dans les lieux publics et, pour renforcer leur peine, les passants étaient encouragés à leur jeter des fruits pourris. En général, seuls les prisonniers militaires et politiques étaient enfermés, souvent dans un grand château.

Les rues des villes du Moyen Âge étaient-elles sûres ?

Pendant la journée, au milieu de la foule et sur les marchés, on courait surtout le risque d'être détroussé par des voleurs ou des commerçants malhonnêtes. Une fois la nuit tombée, les rues extrêmement sombres abritaient des bandits et des criminels : au crépuscule des cloches sonnaient le couvre-feu, heure à laquelle, selon la loi, chacun devait rentrer chez soi. Après le couvre-feu, des gardiens de nuit patrouillaient dans les rues avec des lanternes pour décourager les bandits et arrêter toute personne qui n'avait pas regagné son foyer.

Illustration d'un livre français datant de 1206 environ, représentant des citadins raillant une femme condamnée au pilori.

QUELQUES DATES ET RECORDS

L'abbaye de Westminster, à Londres

UNE TRADITION QUI PERSISTE
La cathédrale de Reims, où fut baptisé Clovis en 498, devint l'église du sacre pour tous les rois de France. De Henri Ier (1031) à Charles X (1824) trente rois y reçurent leur couronne. En Angleterre, à la suite de Guillaume le Conquérant, sacré roi dans l'abbaye de Westminster (Londres) en 1066, tous les monarques jusqu'à la reine actuelle ont respecté cette tradition.

UN SYMBOLE EXPRESSIF
L'un des symboles commerciaux les plus anciens est né à l'époque médiévale. Comme aujourd'hui, les bières de l'époque pouvaient être plus ou moins fortes. Aussi les récipients étaient-ils étiquetés X pour les bières les moins fortes, et XXXX pour les plus fortes. En 1924, une brasserie australienne remit au goût du jour le symbole XXXX, largement employé et reconnu aujourd'hui.

UN ENNEMI MORTEL
Le fléau le plus dévastateur d'Europe, la peste bubonique, emporta 25 millions de personnes – soit un tiers de la population – en l'espace de trois années, entre 1347 et 1350.

UN DESTIN EXCEPTIONNEL
Alienor (1122-1204), unique héritière du duché d'Aquitaine, reine de France puis reine d'Angleterre, vécut jusqu'à 82 ans, eut deux maris et dix enfants ; aux côtés de son époux Louis VII de France, elle partit en croisade en 1147, à cheval, depuis la France jusqu'en Terre sainte. Répudiée, elle épouse en 1152 Henri II Plantagenêt ; traversant la Manche par tous les temps, elle séjourne régulièrement à Poitiers où elle développe une cour lettrée et brillante. À 78 ans, elle franchit les Pyrénées pour ramener en France sa petite-fille Blanche de Castille qui deviendra la mère de Saint Louis.

DES PERSONNAGES INFLUENTS

La société du Moyen Âge était régie par l'Église qui contrôlait la vie de chacun. D'autre part, ceux qui détenaient la terre et l'argent – les seigneurs, les rois et les empereurs – avaient tout pouvoir sur les autres. Un petit groupe de personnes – des rebelles et des novateurs – consacrèrent leur existence au changement. En observant et en décrivant la période à laquelle ils vivaient, les artistes, les écrivains et les savants créèrent des œuvres qui servirent à propager le savoir, à enrichir les esprits et à améliorer notre compréhension actuelle de l'histoire.

Richard Cœur de Lion

LES PUISSANTS ET LES NOBLES

Charlemagne

CHARLEMAGNE (742-814)
Roi des Francs (l'un des premiers peuples de France), Charlemagne œuvra à l'unification d'une grande partie de la France moderne et de l'Allemagne. Grand meneur d'hommes et législateur, défenseur des arts et des lettres et guerrier légendaire, il fut couronné premier empereur des Romains par le pape Léon III.

ALFRED LE GRAND (V. 849-899)
D'abord roi de Wessex, Alfred le Grand fit la paix avec le chef viking Guthrum en signant le traité de Wedmore, puis prit le contrôle de toute l'Angleterre. Lors de son règne, il réforma le droit saxon, prôna l'éducation et commanda la rédaction de la *Chronique anglo-saxonne*, une histoire des peuples d'Angleterre.

KNUT LE GRAND (V. 995-1035)
Lorsque le roi danois Sven à la barbe fourchue mourut en 1014, son fils Knut hérita de son empire, mais la couronne britannique de son père lui fut contestée. Après deux années de conflits, Knud triompha néanmoins, devenant le souverain respecté d'un empire qui devait bientôt inclure la Norvège et le sud de la Suède, tout comme le Danemark et l'Angleterre.

GUILLAUME LE CONQUÉRANT (V. 1028-1087)
Affligé par le fait que le trône d'Angleterre soit revenu à Harold, comte de Wessex, alors qu'il lui avait été promis par Édouard le Confesseur, Guillaume envahit l'Angleterre en 1066 et battit Harold II à la bataille d'Hastings. Devenu roi, il apporta une certaine stabilité et instaura le système féodal.

FRÉDÉRIC IER (1122-1190)
Saint Empereur romain germanique dès 1155, Frédéric Ier (surnommé Barberousse) unifia les états germaniques. Il se noya alors qu'il était en chemin pour la troisième croisade.

HENRI II PLANTAGENÊT (1133-1189)
Âgé de 21 ans lorsqu'il devint roi d'Angleterre, Henri II Plantagenêt participa à la réforme de l'Église. Maître d'un empire qui comprenait aussi la Normandie et l'Aquitaine, il introduisit le droit coutumier, incluant le droit d'être jugé par un jury.

SALADIN Ier (1138-1193)
Sultan d'Égypte, il reprit Jérusalem aux croisés. Battu par Richard Ier, il reconnut le droit aux chrétiens d'entreprendre des pèlerinages à la Ville sainte.

RICHARD Ier (1157-1199)
Richard, dit Cœur de Lion, régna dix ans. Il consacra la plus grande partie de son règne à la guerre, en France et à la troisième croisade. Il est l'un des rois d'Angleterre les plus renommés. Il ne passa que sept mois de son règne dans son pays.

PHILIPPE II (1165-1223)
Roi de France à partir de 1180, Philippe II Auguste, combattit trois rois d'Angleterre, Henri II, Richard Ier et Jean sans Terre, afin de reprendre le contrôle de leurs territoires français. Il récupéra la Normandie en 1204 après le siège de Château-Gaillard.

JEAN SANS TERRE (1167-1216)
Frère cadet de Richard Ier, il est surtout connu pour avoir signé la Grande Charte : les limites qu'il imposa au pouvoir royal représentèrent un jalon important de l'histoire de la constitution d'Angleterre.

FRÉDÉRIC II (1194-1250)
Empereur du Saint Empire romain germanique à partir de 1220, il prit part à la sixième croisade, replaçant temporairement Jérusalem sous l'autorité chrétienne. Sceptique religieux, il fut considéré comme l'homme le plus cultivé de son temps.

LOUIS IX OU SAINT LOUIS (1214-1270)
Saint Louis fut révéré dans toute l'Europe pour sons sens de la justice et prit part à deux croisades. Il mourut de la peste au cours de la huitième croisade et fut ensuite canonisé.

PHILIPPE VI (1293-1350)
Philippe VI fut le premier roi français de la dynastie des Valois, installée en Bourgogne. Il hérita de la couronne en 1328, mais celle-ci lui fut disputée par Édouard III d'Angleterre, qui le vainquit à Crécy en 1346. Édouard III abandonna par la suite ses revendications en échange de territoires français.

ÉDOUARD III (1312-1377)
Roi d'Angleterre, il provoqua en 1337 la guerre de Cent Ans, après avoir revendiqué le trône français. Édouard III fut également responsable d'importantes réformes légales et parlementaires dans son pays. Son fils, aussi appelé Édouard, fut un grand soldat que l'on surnomma le Prince Noir en raison de la couleur de son armure.

Édouard le Confesseur

HENRI V (1387-1422)
Héritant du trône anglais en 1413, Henri V poursuivit la guerre contre la France et battit les Français à Azincourt en 1415. En 1420, il s'était imposé comme l'héritier du trône français mais mourut. Toutes ses conquêtes furent reprises par le roi de France Charles VII qui mit fin à la présence anglaise en 1453.

VLAD TEPES (V. 1430-1476)
Baron de Roumanie qui assassina des milliers de personnes en les empalant sur des pieux, ce qui lui valut le surnom de « Vlad l'Empaleur ». Sa cruauté sans égale est à l'origine de la légende de Dracula.

Les rebelles et les réformateurs

Saint François d'Assise

Saint Benoît (v. 480-v. 547)
Moine italien, il fut le fondateur de l'ordre des Bénédictins basé sur des vœux de pauvreté, de chasteté et d'obéissance. Connus sous le nom de « règle de saint Benoît », ces vœux furent finalement adoptés par des ordres religieux de toute l'Europe.

Saint Thomas Becket (1118-1170)
Archevêque de Canterbury et ami du roi Henri II Plantagenêt, il s'opposa à ce dernier au sujet de la réforme de l'Église. Le roi le fit alors assassiner par quatre de ses chevaliers. Becket fut ensuite canonisé.

Saint François d'Assise (v. 1182-v. 1226)
Fils d'un riche marchand italien, saint François fonda l'ordre des Franciscains, qui voyageaient et prêchaient, mendiaient leur nourriture et vivaient en communion avec la nature et les animaux.

Simon de Montfort (v. 1208-1265)
Simon de Montfort fut à la tête d'un groupe de barons anglais qui mirent le roi Henri III au défi de réformer son gouvernement, un conseil que le roi pouvait consulter à souhait. Ayant battu le roi en 1264, Simon de Montfort convoqua le premier parlement anglais, composé de chevaliers de chaque comté et de citoyens des principales villes.

Étienne Marcel (v. 1316-1358)
Prévôt des marchands de Paris pendant la guerre de Cent Ans, il est le porte-parole des Parisiens qui veulent négocier la paix, réformer le royaume et obtenir un impôt payé par tous, y compris par les nobles. En 1358, il prend la tête de la révolution parisienne mais il meurt assassiné.

Jeanne d'Arc (1412-1431)
Jeune paysanne qui dirigea l'armée française contre les troupes anglaises aux côtés de Charles VII. Elle fut capturée par l'ennemi et brûlée vive sur le bûcher à Rouen en 1431.

Savonarole (1452-1498)
Prieur, orateur et réformateur italien qui conduisit une révolte à Florence, en Italie, cause du départ de la puissante famille des Médicis, et y établit une république. Il dénonça également Alexandre VI, pape corrompu, qui le fit torturer et brûler pour hérésie.

Jeanne d'Arc (d'après l'illustration d'un ouvrage)

Les artistes et les savants

Guillaume IX d'Aquitaine (1071-1127)
Duc d'Aquitaine à partir de 1086, il fut le premier grand troubadour. On a conservé de lui onze chansons où il expose sa vision de l'amour courtois et se pose comme le vassal de la dame aimée. Grâce à sa petite-fille Aliénor d'Aquitaine, la poésie courtoise, originaire du sud de la France, a gagné les cours du nord. Elle constitue l'une des sources de la littérature occidentale.

Avicenne (980-1037)
Philosophe et médecin iranien dont le *Canon de la médecine* réunissait ses propres connaissances et celles des médecins romains et arabes et devint une œuvre de référence durant plusieurs siècles.

Giotto (v. 1266-1337)
Né dans le Mugello, en Italie, Giotto di Bondone est à l'origine des grands principes de la peinture occidentale ; il eut une grande influence sur des artistes de la Renaissance tels que Masaccio et Michel-Ange.

Geoffrey Chaucer

Geoffrey Chaucer (v. 1340-v. 1400)
L'un des plus grands poètes du Moyen Âge, il est surtout connu pour ses *Contes de Cantorbéry*, un recueil d'histoires racontées par les pèlerins en route pour le tombeau de Thomas Becket à Canterbury.

Christine de Pisan (v. 1365-v. 1430)
L'une des rares femmes du Moyen Âge à avoir fait son métier de l'écriture et de la poésie, Christine de Pisan traita souvent de questions féministes. Elle fut aussi un écrivain politique, prenant parti pour la paix.

Johannes Gutenberg (v. 1400-v. 1468)
Inventeur allemand d'un procédé d'imprimerie utilisant des caractères en métal mobiles représentant des mots ou des lignes, qui remplacèrent les blocs d'imprimeries rigides d'une page entière utilisés auparavant. Gutenberg imprima deux versions pionnières de la Bible.

Jan Van Eyck (v. 1390-1441)
Né aux Pays-Bas, Jan Van Eyck fait partie des peintres les plus appréciés de l'époque. Si l'on connaît très peu ses débuts, sa maîtrise des couleurs et du détail en fait un modèle sans précédent pour ses successeurs de la Renaissance et au-delà. Il nous a également apporté un éclairage unique sur la manière de vivre à l'époque médiévale.

Johannes Gutenberg (en bleu) dans son atelier

BÈDE LE VÉNÉRABLE
Dans cette icône de style médiéval réalisée au XXIe siècle par Peter Murphy, Bède est accueilli au monastère par son patron, Benedict Biscop (se prononce Bishop). Biscop était un noble et un intellectuel de la région. Ses voyages à Rome lui donnèrent envie de créer un environnement culturel dans lequel Bède le Vénérable s'épanouit.

POUR EN SAVOIR PLUS

La plupart des édifices du Moyen Âge restés intacts sont des monuments imposants, comme les châteaux et les cathédrales. On trouve donc peu d'habitations de cette époque. Mais les monuments ne nous apprennent pas grand-chose sur la vie quotidienne à l'époque de leur construction. Aussi, comme le Moyen Âge est très éloigné et très différent de notre époque, nous avons besoin de beaucoup plus d'informations et d'imagination pour nous en faire une idée que pour imaginer le passé plus proche. Vous pourrez en apprendre davantage sur le Moyen Âge en consultant des sites Internet et d'autres livres illustrés et, si possible, en visitant des musées ou des sites qui tentent de reconstituer l'existence telle qu'elle était il y a plusieurs siècles. C'est le cas des bâtisseurs de Guédelon, près d'Auxerre, qui ont reconstitué un chantier du Moyen Âge et travaillent à édifier un château-fort en utilisant uniquement les techniques médiévales : les tailleurs de pierre sont à l'ouvrage dans leur loge ; les charpentiers débitent les troncs, assemblent les bois pour les échafaudages tandis que le forgeron fabrique ou répare les outils sur son enclume... sous les yeux des visiteurs.

Croix moderne du Northumberland dans le style du VIIIe siècle.

UNE FERME DU HAUT MOYEN ÂGE
La ferme reconstituée de Bede's World était naguère un dépot de carburant abandonné. Ses bâtiments imitent des constructions médiévales locales découvertes au cours de fouilles tandis que les cultures et le bétail sont sélectionnés de manière à ressembler autant que possible à ceux de l'époque. Les bêtes au premier plan, par exemple, sont plus petites que les races modernes.

Les couleurs héraldiques se répètent sur le bouclier.

Certaines cottes d'armes possédaient des manches courtes.

LES TOURNOIS MODERNES
Dans de nombreux pays, on peut assister à des reproductions réalistes de batailles ou de tournois du Moyen Âge. Dans cette représentation de combat du XVe siècle, à Goodrich Castle en Angleterre, deux chevaliers en armure intégrale portent des cottes d'armes distinctives sur lesquelles figure le motif héraldique de leur seigneur respectif.

L'ABBAYE DU MONT-SAINT-MICHEL EN FRANCE
Les moines bénédictins qui vivaient dans cette abbaye médiévale prenaient tous leurs repas dans ce spacieux réfectoire bien éclairé par le soleil, situé presque au niveau le plus élevé de l'édifice (voir photo en arrière-plan). La vie simple que les moines mènaient ici repose sur des traditions établies par saint Benoît au Xe siècle.

Le casque a été garni d'or

UN TRÉSOR FUNÉRAIRE
Découvert dans un tumulus mis au jour à l'occasion de fouilles à Sutton Hoo, dans le Suffolk en Angleterre, ce splendide casque en fer devait appartenir à un dirigeant local du VIIe siècle. Le casque et d'autres objets découverts à cet endroit sont exposés au British Museum à Londres.

L'encensoir est suspendu au bout de chaînes dorées.

DES RITUELS ANCIENS
Dans certaines églises chrétiennes, les encensoirs sont agités d'un côté à l'autre pour répandre un parfum riche, dispersé par la fumée pendant le service religieux. Au Moyen Âge, les rituels employant de l'encens constituaient une part importante du culte dans l'Église catholique, qui dominait la société.

QUELQUES SITES INTERNET

- Le site du musée national du Moyen Âge pour les enfants : www.culture.fr/cluny/
- Un magazine sur le Moyen Âge : www.citadelle.org
- Personnages et événements marquants de l'histoire médiévale : www.cssh.qc.ca/projets/carnetsma/index.html
- Un château en construction : www.guedelon.com
- La cathédrale de Strasbourg : www.oeuvre-notre-dame.org/index.htm
- Des sites sur des villes médiévales
  Carcassonne : www.carcassonne.org
  Provins : www.provins.net
  Conques : www.conques.com
- L'abbaye de Fontevraud, nécropole de la famille royale des Plantagenêts : www.abbaye-fontevraud.fr

DES LIEUX À VISITER

ABBAYE DU MONT-SAINT-MICHEL
Avec certaines parties datant du XIe siècle, cette abbaye fortifiée (qui continue d'abriter des moines bénédictins) occupe l'un des plus beaux sites de France. On peut y voir :
- le réfectoire des moines, avec ses rangées de hautes fenêtres ;
- la salle du supérieur, dans laquelle il recevait les hôtes importants.

CHANTIER MÉDIÉVAL DE GUÉDELON :
Durant une vingtaine d'années, 35 ouvriers construisent sous les yeux des visiteurs un château fort dans le respect des techniques du XIIIe siècle, au cœur de la forêt, dans un espace naturel mettant à leur disposition tous les matériaux nécessaires à la construction.
- Ouvert d'avril à octobre à partir de 10 h, tous les jours, sauf le mercredi ouvert seulement en juillet-août.
89520 Treigny
Tél. 03 86 45 66 66
- Accès : autoroute A 6, sortie Toucy-Joigny. Joindre Toucy, puis direction Saint-Sauveur-en-Puisaye. À Saint-Sauveur, prendre direction Saint-Amand (D 955). Le chantier se situe sur cette départementale à 6 km de Saint-Sauveur-en-Puisaye.

MUSÉE NATIONAL DU MOYEN ÂGE THERMES DE CLUNY
Ce musée rassemble des chefs-d'œuvre dans tous les domaines artistiques et offre une illustration de la vie quotidienne à travers des centaines de productions artisanales
- Ouvert tous les jours de 9 h 15 à 17 h 45 sauf le mardi et certains jours fériés.
6, place Paul-Painlevé
75005 Paris
Tél. 01 53 73 78 16
www.musee-moyenage.fr

MUSÉE DE LA GUERRE AU MOYEN-ÂGE, CASTELNAUD
Le musée présente une importante collection d'armes et d'armures et, à l'extérieur, des machines de guerre reconstituées à l'identique mettent en scène les assauts subis par la forteresse.
Ouverture toute l'année tous les jours
Château de Castelnaud
24250 Castelnaud-la-Chapelle
Tél. 05 53 31 30 00
www.castelnaud.com

MUSÉE DU LAC DE PALADRU
Des fouilles archéolgiques subaquatiques ont livré une exceptionnelle variété d'objets parfaitement conservés qui présentent la vie quotidienne de chevaliers-paysans vers l'an mille.
38850 Charavines
Tél. 04 76 55 77
www.museelacdepaladru.com

Coffret du XIIe siècle orné de scènes du meurtre de Thomas Becket

GLOSSAIRE

ARTISAN Personne qui exerce un métier manuel comme un ferronnier, un charpentier ou un tailleur de pierre.

BARON Titre le plus élevé de la hiérarchie nobiliaire ; les barons se voyaient attribuer leur fief directement par le monarque (voir aussi Fief).

CARCAN Objet utilisé pour châtier publiquement les criminels mis au pilori, composé d'un cadre en bois muni de trous pour enserrer les chevilles. Les passants étaient encouragés à huer le prisonnier et à lui jeter des fruits pourris. Le carcan pouvait aussi emprisonner le cou et les poignets.

CHALUMEAU Ancien instrument à anche à la sonorité perçante, ayant précédé le hautbois, apprécié dans les parades et les festivals.

CHEVALIER Guerrier d'origine noble en armure, montant à cheval. Les chevaliers peuvent se tenir au service d'un seigneur ou être eux-mêmes des seigneurs.

CLAYONNAGE Entrelacs de branches formant la base de la structure des murs (voir aussi Torchis).

COLPORTEUR Marchand ambulant qui vendait de petits objets sans grande valeur.

CONTREFORT Pilier de pierre ou de brique adossé aux murs extérieurs d'un grand édifice, comme une cathédrale, pour les renforcer. Les contreforts sont généralement placés aux endroits où s'exercent des poussées, par exemple près des toits, des arches ou des voûtes.

CORDONNIER Artisan fabriquant ou réparant les chaussures ; ce mot provient de la ville de Cordoue en Espagne, connue pour ses cuirs fins.

COTTE D'ARMES Tunique portée au-dessus de son armure par un chevalier, sur laquelle figuraient les armoiries de son seigneur.

DÎME Part représentant théoriquement dix pour cent de la production d'un paysan, que celui-ci devait donner au prêtre de sa paroisse, à l'évêque ou à l'abbé du monastère voisin.

Faucon

Fenêtre en ogive, abbaye de Timoleague, Irlande

ÉCUAGE Somme versée par un vassal à son seigneur pour se dégager de ses obligations militaires.

ESTRADE Plate-forme surélevée à l'extrémité d'une grande salle, sur laquelle était placée la table du seigneur.

ÉTAIN Alliage de métal (en général composé de fer-blanc, de plomb et de cuivre) fréquemment utilisé au Moyen Âge pour fabriquer des objets comme de la vaisselle, des chandeliers et des bijoux.

ÉVÊQUE Membre influent de l'Église nommé par le pape. Chaque évêque dirigeait un grand territoire administratif, appelé diocèse, et avait sous sa direction tous les prêtres et les monastères de ce diocèse.

FAUCILLE Outil muni d'une poignée et d'une lame courbe utilisé pour récolter ou tailler.

FAUCONNERIE Pratique consistant à élever et à entraîner des faucons pour la chasse.

FENÊTRE EN OGIVE Grande fenêtre étroite dont le sommet forme un arc en pointe, très populaire au XIIIe siècle.

FIEF Terre concédée dans le cadre du système féodal.

FORGERON Personne qui travaille le métal en le forgeant. Un orfèvre travaille, lui, les métaux précieux, comme l'or, l'argent, etc.

FRANCHISE Document signé, généralement par un monarque ou une personne de haut rang, énonçant une loi ou accordant une autorisation.

GARGOUILLE Bouche d'eau taillée en forme de figure humaine ou animale grotesque, se projetant d'un toit, à l'extrémité d'une gouttière.

GUILDE Corporation ou association de personnes exerçant un art ou un métier spécifique, comme la cordonnerie, le tissage ou la maçonnerie. Nombre de guildes instituées au Moyen Âge existent toujours aujourd'hui.

GUIMPE Coiffe portée par les femmes au XIIIe siècle. Les guimpes entouraient la tête, passaient sur les oreilles et sous le menton et retombaient en plis sur le cou, offrant ainsi une protection maximale.

Chevalier sur sa monture

HABIT Robe distinctive portée par les moines et les religieuses pour signaler leur vocation et souvent l'ordre auquel ils appartiennent.

Gargouille

HÉRÉTIQUE Personne exprimant une opinion en contradiction avec la doctrine de l'Église.

HIPPOCRAS Boisson médiévale composée de vin, de miel et d'herbes.

JACHÈRE Se dit d'une terre agricole temporairement non cultivée pour qu'elle puisse reconstituer ses réserves de nutriments, épuisées par des cultures régulières.

JEÛNE Période d'abstinence concernant certains aliments ou bien tous, associée à un rite religieux.

JOUTE Forme de tournoi au cours duquel deux chevaliers se lancent à cheval l'un contre l'autre en essayant de déstabiliser leur adversaire.

LIT GIGOGNE Petit lit monté sur roulettes que l'on tire de dessous un lit plus grand, souvent utilisé au Moyen Âge pour recevoir un enfant ou un serviteur.

MAURE Musulman espagnol résidant en Espagne pendant l'occupation des Arabes, qui dura du VIIe au XVe siècle.

MÉNESTREL Artiste itinérant du Moyen Âge, qui écrivait et chantait des chants, jouait d'un instrument et écrivait de la poésie.

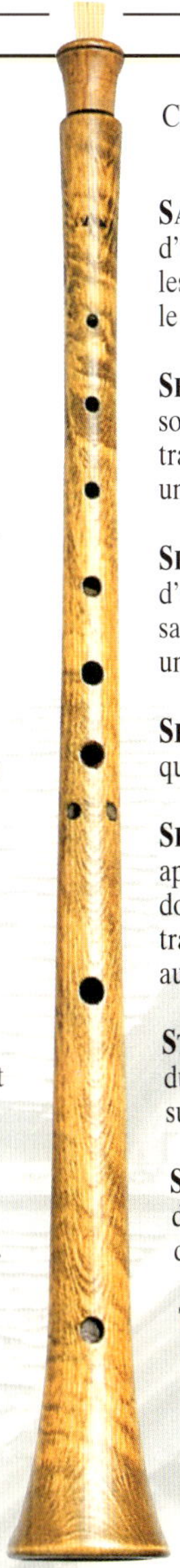

Chalumeau

MIME Acteur, généralement d'une troupe itinérante, qui imite une action à l'aide de gestes.

NOBLE Personne appartenant à l'aristocratie du fait de sa naissance ou de son rang : baron, chevalier, évêque, etc. (voir aussi Baron et Chevalier).

OFFICE Pièce dans laquelle sont préparées et entreposées la nourriture et les boissons.

OUTRE Petit sac de cuir généralement utilisé par les paysans pour emporter de la bière aux champs.

PAYSAN Homme libre, locataire d'une terre allouée par le seigneur, qu'il fait fructifier. Il est soumis à de lourdes redevances incluant le loyer de la terre et à d'autres taxes concernant l'utilisation des moulins, des pressoirs ou des ponts. De plus, il paie un impôt pour la protection seigneuriale en cas de guerre.

PÈLERIN Personne qui voyageait jusqu'à un lieu sacré en signe de dévotion ; le voyage ainsi entrepris s'appelait un pèlerinage.

PLAIN-CHANT Type de chant sans accompagnement des moines du Moyen Âge, utilisé pour réciter les textes sacrés. Le plain-chant respecte une ligne mélodique simple qui suit le rythme des mots.

POTAGE Soupe épaisse ou ragoût faits à partir d'un bouillon de légumes, de céréales et de viande.

QUINTAINE Entraînement au tournoi dans lequel le chevalier disposait de cinq tentatives pour faire tomber un mannequin mobile attaché à un poteau.

RÉSERVE SEIGNEURIALE La terre appartenant directement au seigneur sur laquelle les paysans travaillent directement pour lui.

Moine du Moyen Âge

SALLE Pièce principale et la plus vaste d'un château fort, dans laquelle la famille, les employés et les serviteurs se tenaient le plus souvent.

SEIGNEUR Chevalier ou noble possédant souvent un château et un domaine sur lequel travaillent des paysans et représentant une source de revenus pour sa famille.

SEIGNEURIE Territoire placé sous le contrôle d'un seigneur, regroupant généralement sa demeure ou son château, un village, une église et les terres qui les entourent.

SEMOIR Petit panier contenant les graines que l'on semait à la main.

SERF Paysan non libre. Les serfs appartenaient en fait à leur seigneur, qui leur donnait un petit lopin de terre pour vivre et travailler en échange de quoi ils participaient au travail de la terre sur la réserve.

STYLE Tige utilisée par les écoliers du Moyen Âge pour graver des lettres sur des tablettes de cire.

SYSTÈME FÉODAL Système de répartition de la terre et du pouvoir basé sur l'octroi d'une terre en échange de services.

TONSURE Manière de raser la tête d'un moine ou d'un prêtre, généralement au sommet du crâne, pour indiquer son statut.

TORCHIS Mélange d'argile, de paille et de fumier que l'on applique sur un clayonnage pour servir d'isolation. Le clayonnage ainsi couvert de torchis formait un mur.

TOURNOI Distraction populaire visant à simuler des combats. Tout en amusant la foule, les tournois constituaient un entraînement à la guerre.

TRANCHOIR Épaisse tranche de pain rassis qui faisait office d'assiette. Une fois imprégnée de sauce ou de jus, cette tranche était consommée, offerte aux pauvres ou donnée aux animaux.

TRENTAIN Série de trente messes célébrées en faveur d'un individu ou d'une famille en échange du versement d'une importante somme à l'église.

TREUIL Dispositif servant à tirer ou à soulever de lourdes charges (comme des blocs de pierre), muni d'une roue et d'un axe.

TROUBADOUR Poète qui écrit ses propres textes (de l'occitan *trobar :* trouver). Ce mot a pour équivalent trouvère dans la France du Nord. Le troubadour peut être un grand seigneur ; il se différencie du ménestrel qui récite ses poèmes ou ceux des autres et fait de cette activité un métier qui le fait vivre.

Clayonnage enduit de torchis

TUNIQUE Vêtement d'autrefois en laine et en poils de chèvre qui servait d'habit de tous les jours.

VASSAL Seigneur qui fait hommage à un plus puissant que lui et reçoit de celui-ci un fief en échange de son aide et de sa fidélité (du mot celte *vassus :* serviteur).

VILAIN (OU VILLAIN) Vient du latin *villanus :* habitant de la campagne. Le mot vilain est surtout employé en littérature ; il désigne un paysan en général et ne renvoie pas à un statut social particulier.

VISIÈRE Rabat placé sur le devant d'un casque que l'on peut abaisser pour protéger le visage.

Guimpe

INDEX

NOTES

Dorling Kindersley tient à remercier : The York Archaelogical Trust for Excavation and Research Ltd ; Richard Fitch et Mark Meltonville de Wolfbane ; Peter et Joyce Butler, et Tracy Chadwick (herboriste) de Saxon Village Crafts ; Anthony Barton, conseiller pour les instruments de musique médiévaux ; Bob Powell du Weald and Downland Open Air Museum, Sussex ; Steve Hollick et Chris Kemp et tous les membres du National Guild of Stonemasons and Carvers, London ; Caroline Benyon du Carl Edwards Studio ; le département des antiquités médiévales au Bristish Museum, London, Museum of London ; Jon Marrow du Norton Priory Museum Trust ; le doyen et le chapitre de York ; All saints Church, North Street, York ; St-Nicholas Church, Stanford-on-Avon ; Castle Museum Norwich, Norfolk Museums Service ; Susila Baybars ; Joe Hoyle et Cormac Jordan.

Photographies supplémentaires : Peter Anderson 40bc, 49cg, 52c, bg, 55c, 60hd, 61hd ; John Chase 42cd, 46-47, 61cg ; Andy Crawford 54bg ; Steve Gorton 19hd, 32-33c ; Ivor Kerslake et Nick Nichols 22cd, 30c, g, 31bg, 42cg, bc ;
Gary Ombler 38-39.
Maquette : Peter Griffiths 32-33.
Illustrations : Anna Ravenscroft 40 ;
John Woodcock 52-53.

ICONOGRAPHIE

h = haut, b = bas, c = centre, g = gauche, d = droite

AKG, Londres 6bd, 38bc, 61bd, 62bg ; Photo Erich Lessing San Apollinare in Classe Ravenna 61c ; Galleria dell'Academia, Florence 7dc ; Pfarrkirche, Cappenberg 7bg ; Bibliothèque de Nuremberg 19hg ; Bern, Burgerbibliotheque 21hg ; Bibliothèque Sainte-Geneviève, Paris 31hg ; Bibliothèque Nationale, Paris 48hd, 56hd, 61hc, 63hd ; Ancient Art & Architecture Collection 25bg, 32hd ; Musée des Arts Décoratifs, Paris/Photo Sully-Jaulmes 14c ; Ashmolean Museum, Oxford 7c, 45bg ; Keith Barley 35hg ; Bibliothèque de la Sorbonne, Paris 6bg ; Trinity College, Dublin 6hd ; British Library, London 7hc, 9bd, 10bd, 10bg, 12bd, 14cg, 15bg, 20hd, 22cg, 23cg, 24bd, 30hg, 31hd, 36b, c, 42bd, 43cg, 45cg, 50bd, 50cg, 51cg, 54bd, 58c, 60bd ; Avec l'autorisation spéciale de la ville de Bayeux 7hg ; Victoria & Albert Museum, London 8hd ; Giraudon12hd, 17hd, 30bc, 60bg ; Bibliothèque du Vatican, Rome 15hg ; Fitzwilliam Museum, University of Cambridge 15cg, 27 bg ; Bibliothèque Nationale, Paris 22hd, 27hg, 28hd, 44hd, 45hc, 54c ; Kunsthistorisches Museum, Vienne 24bc ; Departement of the Environment, London 25hg ; Westminster Abbey, Londres 26hd ; Église Sixt Parish, Haute-Savoie, France 31bd ; Galleria degli Uffizi, Florence 35bd ; Église Saint-François Majeur, Assise 37hg ; Seminario Patriarcale, Venise 47bg ; Staatsarchiv, Hamburg 47hc ; British Museum 48bg ; Bibliothèque Royale de Belgique, Bruxelles 48c ; City of Bristol Museum & Art Gallery 62hg ; Bibliothèque de l'Institut de France, Paris/Giraudon 63hg ; British Library, Londres 53bd, 54cd, 54hg, 56c, 62c ; British Museum, Londres 27d, 30bg, 45hd ; Jean-Loup Charmet, Paris41hg, 4hd ; Musée Cluny, Paris 62bc ; Danish National Museum, Copenhague 6c ; ET. Archive, London 24hc, 29hc, 34hg ; Victoria & Albert Museum, London 11bd, 11cd, 16hg ; British Library, London 14hd ; Biblioteca Marciana 22bg ; Bibliothèque Nationale, Paris 28cg ; Biblioteca Estense, Modena 38c ; Collegio del Cambio, Perugia 46cg ; Biblioteca Augustea, Perugia 53hd ; Marty Evans Picture Library, London 24hd ; Metropolitan Museum of Art, New York 45bd ; Bibliothèque Nationale, Paris/Photos Giraudon 8hg ; Victoria & Albert Museum, London/Photo Sonya Halliday & Laura Lushington 12c ; Sonia Haliday 35c, 58hd ; Robert Harding Picture Library 7bd, 26bd, 33hg, 40bd, 51hg, 56bg ; Michael Holford 14bg ; Museum of London 52bc ; Puffin books *Church and Cathedrals* de Helen Leacroft, 1957, reproduit avec l'autorisation de Penguin Books Ltd 33hd, 33cd ; Archivo di Stato, Siena 8gc ; Museo dell'Opera del Duomo Orvieto 50hg, 50bg, 51bd, 51hd ; Si r John Soane's Museum, London 33bd ; Trinity College Library, Cambridge 39hd ; Wallace Collection 25hd, 49hg ; Woodmansterne : 61bg ; Zefa pictures 48bd.

pp. 64 à 71 : D. R.